Culinarium

PLAYBOY

Frank P. Freudenberg

Mit einem Vorwort von
Arne Krüger

PLAYBOY

MOEWIG Band Nr. 4016
Verlag Arthur Moewig GmbH, Rastatt

Copyright © 1987 by Verlag Arthur Moewig GmbH, Rastatt
Lektorat: Dr. Peter Lempert
Umschlagentwurf und -gestaltung: Werbeagentur Zeuner, Ettlingen
Umschlagfoto: Creaction Fotostudio, Frankfurt/Main
Verkaufspreis inkl. gesetzl. Mehrwertsteuer
Auslieferung in Österreich:
Pressegroßvertrieb Salzburg, Niederalm 300, A-5081 Anif
Druck und Bindung: Mohndruck Graphische Betriebe GmbH,
Gütersloh
Printed in Germany 1987
ISBN 3-8118-4016-9

Inhalt

Vorwort von Arne Krüger	**7**
Statt einer Einleitung	**9**
1. Kapitel Andalusiens Geschichte ist Sherry-Geschichte	**11**
2. Kapitel Zwischen Stierkampf und Flamenco	**27**
3. Kapitel Bei der Sherry-Herstellung ist alles anders	**51**
4. Kapitel Bodegas– Sherrys – Hobbys	**82**
5. Kapitel Sherry in Keller, Küche und Bar	**146**
6. Kapitel Rezepte mit Sherry	**156**
Anhang 1 Kleine Sherry-Statistik	**168**
Anhang 2 Kleines Fachwörter-Lexikon	**171**

PLAYBOY *Culinarium*

Für
Barbara, die Sherry-Lehrerin
und
Ruth, die Sherry-Maus

Danksagung

Der Autor dankt herzlich allen, die am Zustandekommen dieses Buches mit Anregungen, Informationen, Rat und Hilfe Anteil genommen haben, besonders Frau Barbara Schüler und Herrn Dr. Hans Muth vom Informationsbüro Sherry, Hamburg; Herrn Luis Bretón, Direktor der Ascociación de Criadores Exportadores de Vinos de Jerez (Vereinigung der Sherry-Exporteure); Herrn Bartolomé Vergara, PR-Direktor der Vereinigung der Sherry-Exporteure; Herrn Hermann Segnitz; Herrn Ignacio López de Carrizosa und – last but not least – Frau Ruth Gleissner-Bartholdi für ihre konstruktive Kritik.

Die Liebe zum Sherry ...

Sherry ist, genaugenommen, eine liebenswerte Weinfamilie, deren einzelne Mitglieder Sie in dem nachfolgendem Buch kennenlernen werden.

Als gebildeter Gourmet füllen Sie mit dieser Lektüre nur eine längst fällige Bildungslücke.

Ich hoffe, daß Sie während dieser Lesezeit Sherry lieben lernen werden. Ich bin fast sicher. Meine erste Liebe zum Sherry ist schon etwas betagt, leicht bestaubt wie die alten Flaschen, in denen er ruht. Und noch immer ist die Zuneigung frisch, wie am ersten Tag.

Wie der erste Schluck aus einer Sherryflasche.

Als ich vor über dreißig Jahren am Ende meiner Weinlehre in Hamburgs führendem Importkeller von meinem verständnisvollen Lehrherrn eine verehrungswürdige Flasche Sherry bekam. Aus seinem Kabinettkeller. Mit leicht verkratztem Etikett, einem roten Siegellackköpfchen und einer seltsam gedrungenen Silhouette. Sie können sich denken, wie viele Jahre ich dieses Kleinod aufgehoben hatte, bis eines Tages der richtige Anlaß mit sachverständigen Freunden kam.

Ermutigenden Auftrieb erhielt meine Liebe zum Sherry während meiner ersten Reise nach Südspanien. Eigentliches Hauptthema waren Oliven und ihr Öl.

Aber es wurde eine Reise zum Sherry. Ich sehe mich noch ganz deutlich auf einer Gartenterrasse stehen, inmitten einer lebhaft diskutierenden Gästeschar, die Sonne blinzelte durch die Baumzweige, man servierte – natürlich – Sherry auf Silbertabletts, mit Ehrfurcht. Kühlen trockenen und ganz trockenen Sherry, alle Sorten, auch den strohgelben und den selteneren Manzanilla, der nach Meersalz schmeckt. Der Hausherr in feinstem Londoner Taylor-Glencheck versuchte mir in seinem Französisch die servierten Sorten und die Sherrykultur im allgemeinen beizubringen. Ein fast unerschöpfliches Thema. Er zeigte mir dann auch seine Reifekeller und noch später seine Zucht von Kampfstieren. Erst später sollte mir die Bedeutung dieses Caballeiros richtig klar werden. Sein Name steht auf vielen Sherryflaschen, weltweit, als Wertzeichen für hohe Qualität. Heute sitzen wir oft freundschaftlich zusammen, beide einige Jahrzehnte älter geworden, reifer, wie der Sherry und meine Kenntnisse um Sherry, noch immer durch Sherry verbunden, noch immer in großer Zuneigung dem Sherry gewogen.

Und das alles bei einiger kulinarischer Konkurrenz, den auch Sherry hat. Denkt man an die Südweine aus den bekannten Mittelmeerländern. Aus ihnen ragt guter Sherry auf seine stille sympathische Weise heraus. Auch für Sie. Bestimmt, wenn Sie dieses Buch gelesen haben.

Arne Krüger

Culinarium

Statt einer Einleitung

Mitternacht war längst vorbei, die Kellner in der Bar des „Hotel Jerez" schickten sich an, ihre Dienst-Westen mit dem Privat-Jackett zu tauschen. Unseren Tisch zierte eine kleine Batterie Flaschen mit den erlesensten spanischen Brandys, deren Geheimnissen wir auf die Spur zu kommen trachteten. Mein Partner in diesem kontemplativen Zungen- und Gaumenspiel war **Franz Herre,** schreibender Epikureer und bekannter Ludwig II.-Biograph vom Ammersee, dessen Geschmacksurteile sicher mit weit weniger Befangenheit belastet waren als meine eigenen.

In dieser Nacht nämlich, nach einem langen Tag unter von Wolken ungetrübter andalusischer Sonne, entstand mein Wunsch, dieses Buch zu schreiben. Aus einer Stimmung, die mit dem Begriff Euphorie wohl richtig definiert ist, kam die Idee, an dem „Abenteuer Sherry", in dem ich mitten drin steckte, andere teilhaben zu lassen.

Einige Jahre sind seitdem vergangen, in denen ich immer wieder versuchte, den Geheimnissen des Sherrys näher – vielleicht auf den Grund – zu kommen. Um es vorwegzunehmen: Es ist mir nicht gelungen. Wie auch, wenn selbst Spezialisten und intime Kenner, die ein ganzes Menschenleben nichts anderes getan haben, als sich mit Sherry – vom Anbau bis zur Flasche – beruflich zu beschäftigen, auf viele Fragen antworten müssen: Weiß ich nicht! Mutter Natur läßt sich eben nicht vollständig in die Karten schauen. Und so bleibt einiges um diesen Wunder-Wein Andalusiens ein Geheimnis, was allerdings den Genuß keineswegs mindert. Das in langen Jahren des „Studiums" – vor Ort und in der heimischen Gastronomie bzw. aus dem eigenen Keller – angesammelte Wissen um dieses königliche Gewächs mündet nun in die folgenden Druckseiten und Bilder, von denen ich hoffe, daß sie den einen oder anderen Leser ermuntern, den Weg vom Sherry-Genießer zum Sherry-Kenner zu gehen. Ich verspreche Ihnen, es ist wenn schon kein ganz leichter, so doch ein überaus köstlicher Lehrpfad.

Culinarium

Andalusiens Geschichte ist Sherry-Geschichte

Ein simples Stück Mauerwerk, eingearbeitet in die Baulichkeiten der Sherry-Bodega **Domecq** in **Jerez de la Frontera,** war der Auslöser, mich intensiv mit der Geschichte dieses von der Natur so verwöhnten Landstriches zu beschäftigen. Dies seien, wurde ich belehrt, Reste der von den Arabern gebauten Stadtmauer, die auf römischen Fundamenten ruhten.

Die Exkursion in die andalusische Vergangenheit allerdings machte meine Hoffnung auf Erwerbung fundierten Wissens bald zunichte. Außer großen Linien ist bis ins 15. Jahrhundert so ziemlich alles reichlich unklar. Weil aber Legenden sich gern den auch bei uns Menschen vorkommenden Altersstarrsinn zulegen, wird vielen Geschichten aus dem vorgestrigen Südwestzipfel Spaniens auch heute noch in der Literatur historische Authentizität zuerkannt.

Obwohl sich den historisch Interessierten wegen zum Teil abenteuerlicher Widersprüche die Haare sträuben, hat diese keine negativen Auswirkungen auf die Geschichte des Weins. Ehe wir also gemeinsam zum eigentlichen Thema kommen und zusammen die ersten Tropfen Sherry genießen, folgen Sie mir auf dem kleinen Streifzug in die Vergangenheit bis etwa 1500 v. Chr. Um diese Zeit herum tauchten in der Gegend vom heutigen Jerez die Phönizier auf. Sicher nachweisen

Ansicht von Jerez zum Ende des 18. Jahrhunderts

läßt sich ihre Präsenz im 11. vorchristlichen Jahrhundert, denn aus dieser Zeit gibt es viele Zeugnisse für die Drangsale, denen die heimischen Iberer ausgesetzt waren. Hat sich zwar bis in die offiziellen Geschichtsbücher an unseren Schulen die These gehalten, Phönizier seien große und kluge Händler gewesen, wie es bei seefahrenden Völkern häufig ganz zwangsläufig war, so scheint ihr Talent zum Plündern sehr viel ausgeprägter gewesen zu sein als ihre merkantile Weisheit. Zu jener Zeit fanden die Eindringlinge bereits einen beachtlichen Weinanbau im heutigen Andalusien vor.

Über die rund 400 Jahre bis 700 v. Chr. schweigen sich Historiker und Archäologen weitgehend aus, dann aber traten die Griechen auf den Plan. Und jetzt wird's spannend. Sie setzten sich fest, gründeten griechische Kolonien, etablierten 5 Handelsstützpunkte und fühlten sich offenbar recht wohl. Vieles spricht dafür, daß die Griechen eine Siedlung gründeten, die sie **Xeres** nannten. Einige Altertumsforscher fanden eine plausible Erklärung für diese Namensgebung. Der berühmteste Wein dieser Zeit war der aus der Malvasia-Traube gewonnene, der in der Gegend des Peloponnes produziert wurde und in dem der unglückliche **Herzog von Clarence** ertrunken sein soll. Eines der Weinbau-Zentren damals war die persische Stadt **Shiraz**, aus der die Griechen ihren Wein bezogen. Der Engländer **Julian Jeffs**, einer der profundesten Kenner aller Sherry-Bereiche, kommt nun zu der Schlußfolgerung, daß das heutige Jerez zu seinem Namen auf die gleiche Art und Weise gekommen ist wie New York oder New Orleans, nicht zu vergessen die wundervolle Stadt Toledo im amerikanischen Bundesstaat Ohio: Die griechischen Siedler in Andalusien übernahmen einfach einen bekannten und vertrauten Namen für ihre Neu-Gründung im fremden Land. Andere Historiker lehnen diesen Erklärungsansatz empört ab und verweisen auf den griechischen Wortstamm „xeros" für dürr, trocken, der bei der Namensgebung Xeres ausschlaggebend gewesen sei. Wahrscheinlich wird dieses Problem niemals ganz aufgeklärt werden können.

Zurück zur unruhigen Zeit dieser Region. So besonders gut scheinen sich die Phönizier mit den Griechen nicht immer verstanden zu haben, doch zu größeren Auseinandersetzungen ist es wohl nicht gekommen. Trotzdem gingen beide Besatzungsmächte den Iberern und Kelten, die natürlich das Land als das ihre ansahen, auf die Nerven. Aus anfänglichen Unmutsdemonstrationen entstand schnell eine Art vorchristlicher Résistance, die in offene Rebellion mündete. Ein Niederschlagen des vehementen Aufstandes war für die zahlenmäßig unterlegenen Phönizier ausgeschlossen, schließlich randalierten die Griechen gleich mit. Gegen die Einheimischen im Verbund mit den Siedlern aus Griechenland standen die Phönizier auf verlorenem Posten, weshalb die unglückliche Entscheidung getroffen wurde, Karthago um Hilfe zu bitten. Berühmte Namen der karthagischen Geschichte tauchen auf: **Hamilkar** erscheint als „Befreier", ihm folgen **Hasdrubal** und **Hannibal**, die Aufständischen waren schließlich chancenlos.

Doch für die Phönizier sollte es ein Pyrrhussieg werden, denn die Karthager, so richtig am Zug, vertrieben die „Verbündeten" gleich mit. Und erregten damit unliebsames Aufsehen in Rom. Lange konnten sich die karthagischen Conquistadores ihrer südspanischen Kolonie daher nicht erfreuen, Roms Kohorten marschierten ein und machten – hauptsächlich im 2. Punischen Krieg – reinen Tisch.

Sie erinnern sich? Endlich wurde die wiederholt geäußerte Forderung **Catos des Älteren** (243 – 149 v. Chr.) – Ceterum censeo, Carthaginem esse delendam (Übrigens bin ich der Meinung, daß Karthago zerstört werden muß) – erfüllt.

Auch den neuen römischen Besatzern waren sie nicht „grün", es entwickelte sich ein konfliktreiches Zusammenleben.

Rund 600 Jahre hatten die Iberer die ungebetenen Römer im Lande, von 200 v. Chr. bis 400 n. Chr., wovon besonders die ersten beiden Jahrhunderte ziemlich unruhig verliefen.

Mit der Zeit aber arrangierte man sich wohl, denn die römische Verwaltung hatte unzweifelhaft ihre Vorzüge. Etwa um den Beginn unserer Zeitrechnung begann die Provinz **Baetica** – bestehend aus Andalusien und der Levante – ihren Aufstieg zur wirtschaftlich und kulturell führenden Region Spaniens; Bergbau, Landwirtschaft und Fischfang blühten auf. In diese Zeit fällt auch die Entstehung der früher in diesem Landstrich unbekannten riesigen Landgüter, der Latifundien, von zumeist mehr als 500 Hektar Fläche. 600 Jahre Fremdherrschaft hinterlassen Spuren, nicht selten für die Ewigkeit. Wen also wundert es, daß sowohl die spanische als auch die portugiesische Sprache lateinischen Ursprungs sind?

Aus dieser römischen Provinz stammen übrigens auch eine ganze Reihe bedeutender Persönlichkeiten des Imperiums: Die Kaiser **Trajan** und **Hadrian**, die Dichter

Lukan und **Quintilian** sowie, last but not least, der Philosoph **Seneca**, mit dessen Aphorismus „Nicht für die Schule, sondern für das Leben lernen wir" Generationen von Lehrern Millionen von Schülern seit Urzeiten belügen und hinters Licht führen. Richtig übersetzt lautet Senecas Spruch nämlich: „Leider lernen wir nicht für das Leben, sondern nur für die Schule".

Das heutige Jerez hieß in der Zwischenzeit längst **Ceret**, denn die Römer latinisierten alles, was ihnen bis heute die Engländer erfolgreich nachmachen, wie noch zu beweisen sein wird. Der Weinbau florierte ungeheuer, denn römische Soldaten nebst ihren zivilen Nachkommen waren seit jeher gewaltige Trunkenbolde. Die andalusischen Weine dieser Zeit müssen so hervorragend geschmeckt haben, daß die italienischen Weinbauern mit ihren Gewächsen nicht mehr konkurrieren konnten. Im Jahre des Herrn 92 erließ Kaiser **Domitian** denn auch eine Order, ganze Weinberge in Spanien zu zerstören, eine Order, die offensichtlich unterlaufen wurde. Knapp 200 Jahre später hatte sich in Rom die Politik „panem et circenses" – Brot und Spiele – so durchgesetzt, wurde zu einem so wichtigen Bestandteil des römischen Life-Style, daß ungeheure Mengen Wein aus Spanien importiert werden mußten, wollte man eine Rebellion des Plebs verhindern.

Von **Martial** – ebenfalls ein berühmter Römer spanischer Geburt – ist uns ein wundervolles Epigramm über Sherry erhalten geblieben, das übersetzt etwa lautet: „Laß Nepos dich mit Sherry bewirten; du wirst glauben, es sei Wein aus Satia. Aber er serviert ihn nicht jedem – er trinkt ihn nur mit einem Trio von Freunden."

Daß die römischen Bäume in Südspanien nicht in den Himmel wuchsen, dafür sorgten die **Vandalen**, die 409 – von Norden kommend – Südspanien eroberten und besetzten, bis sie sich schon 414 den Westgoten gegenübersahen, die als Alliierte Roms wieder Ordnung schaffen sollten. 428 – wenn die Geschichtsbücher nicht irren – verzogen sich die Vandalen nach Nordafrika, nicht ohne einen neuen Namen für das Land zu hinterlassen: **Vandalusia.** Historiker und Sprachforscher bestreiten diese Version und behaupten, erst die den Vandalen und Goten 711 folgenden Mauren hätten den Namen aus dem arabischen Wort „andalos", was soviel heißt wie „Ende des Lichts", gebildet.

Wie es wirklich war, wird im Dunkeln bleiben, jedenfalls kommen nun die Araber – pardon! – die Berber, also Mauren ins Spiel. Andalusien, jetzt ein gotisches Königreich, wurde nämlich erneut „befreit", der Berber-Anführer **Tarik** setzte bei Gibraltar aufs spanische Festland über und führte seine 7000 Krieger in Siegeseile nach Jerez, wo er den Goten-König **Roderich** vernichtend schlug. Eigentlich sollte Tarik nur einen Beutezug machen, wurde aber – von seinem Ehrgeiz übermannt – zum Eroberer auch von Toledo. Sein Vorgesetzter **Musa ben Nosair**, der mit einem größeren Heer folgte und in knapp drei Jahren ein gutes Dreiviertel der iberischen Halbinsel sozusagen als Geschenk dem Kalifen von Damaskus offerieren konnte, ließ den eigenmächtigen Tarik kräftig die Peitsche spüren, als er ihn in Toledo eingeholt hatte. Rauhe Sitten, fürwahr!

Münzen aus dieser Zeit, die Musa in Gold prägen ließ, tragen den maurischen Namen „des Landes der Vandalen", „al-Andalus". Am gescheitesten wird es sein, wenn Sie die Version als richtig akzeptieren, die Ihnen am besten gefällt, verehrter Leser.

Jerez, von den Phöniziern Xera, von den Römern Ceret und von den Westgoten **Serit** genannt, änderten die Mauren in **Sherish** um. Ein relativ kurzer Weg nur noch bis zum heutigen Jerez.

Die Mauren (oder Berber oder Sarazenen, ganz wie man will) hatten leichtes Spiel, denn eine erhebliche Unterstützung durch die nichtgermanische Bevölkerung war ihnen sicher. Längst war mit den im römischen Sold dekadent gewordenen Westgoten kein Auskommen mehr. Und überhaupt: Der beginnende Zerfall des römischen Reiches stank bereits zum Himmel. Im Gegensatz zu vielen historischen Quellen haben die Mohammedaner durchaus kein blühendes Wirtschaftsgebilde zerstört, als sie Spanien übernahmen. Auch von hoher Kultur konnte keine Rede sein, denn dem in Toledo regierenden

Westgoten-König wurde nur ein zerbrökkelndes, von Verrat und Intrigen gebeuteltes Staatswesen abgejagt. Die Mauren machten so ziemlich alles anders. Sie bemühten sich um die Einheimischen, legten große Toleranz an den Tag und heirateten – weil sie ohne Frauen ins Land gekommen waren – die Töchter der Iberer wie auch der zurückgebliebenen und seßhaft gewordenen Goten. Es bereitete keine Schwierigkeiten für einen Muselman, mit einer Christin eine neue Familie zu gründen. Und daß viele Kalifen und Emire als blond und blauäugig (anatomisch gesehen!) beschrieben werden, hat wohl diesen Liberalismus zur Ursache. Überhaupt gab es keinen Glaubenskampf; Christen und Juden konnten ungehindert ihre Religionen ausüben, in Toledo fanden gar christliche Konzile statt.

Der Weinbau aber – vom Propheten verboten, es sei denn, er wurde wie jeglicher anderer Alkohol zu medizinischen Zwecken genossen – litt in jener Zeit. Die aus jedem religiösen Zwang entstehende Pfiffigkeit allerdings ließ (und läßt noch immer) viele Moslems oft krank werden. Wenn katholische Kardinäle und Bischöfe das Kunststück fertigbrachten, über dem freitäglichen Wildschwein oder Fasan ein Kreuz zu schlagen mit den Worten „Ich taufe dich Fisch", konnte es den Muselmanen kaum jemand übelnehmen. Blieb doch dadurch wenigstens ein erklecklicher Restbestand der Weinkultur in Andalusien intakt.

In der andalusischen Architektur lassen sich maurische Stilelemente bis heute nachweisen; viele alte Bauwerke aus der Regierungszeit der Moslems sind erhalten geblieben

Die Mauren behaupteten bis zur Mitte des 15. Jahrhunderts die Herrschaft im Lande, als der letzte Kalif vertrieben wurde. Insgesamt war es eine fruchtbare Zeit. Unter der islamischen Herrschaft gediehen Wirtschaft und Kultur prächtig, das Handwerk blühte, weil Keramikherstellung, Leder- und Metallverarbeitung sowie eine ertragreiche Woll- und Seidenweberei eingeführt wurden. Schulen, Bibliotheken, Paläste und Moscheen wurden errichtet und die von den Römern begonnenen Wasseranlagen weiter verfeinert. Nehmen wir zum Beispiel **Córdoba**: Im 10. Jahrhundert war diese Stadt mit mehr als 500 Moscheen und fast viermal soviel Menschen wie heute die kultivierteste Stadt des Abendlandes. Die dichtende und schriftstellernde Nonne **Roswitha von Gandersheim** schrieb seinerzeit den Lobesvers: „Über den Westen strahlt die leuchtende Zier der Welt, Córdoba ..."

Wer heute durch Andalusien reist, begegnet auf Schritt und Tritt imposanten Zeugnissen aus der Zeit maurischer Herrschaft, vor allem in der Baukunst, aus der sich viele Stilelemente bis in die moderne Architektur erhalten haben. Auch in den Namen lassen sich maurische Erbteile nachweisen: Als der letzte maurische König am 2. Januar 1492 kampflos Granada an die katholischen Majestäten **Ferdinand** und **Isabella** übergab, ging er als König **Boabdil** – die zumindest phonetische Verwandtschaft mit zwei großen Sherry-Unternehmen unserer Tage namens **Bobadilla** und **Barbadillo** ist nicht zu übersehen.

So mag das Frauengemach eines maurischen Fürsten in Andalusien ausgesehen haben, dem der Koran zwar jeglichen Alkohol verbot, doch nicht mehrere Frauen

Nachdem nun, um den Faden wieder aufzunehmen, die katholischen Könige Ferdinand und Isabella mit Hilfe des sich ihnen scheinbar unterwerfenden Adels große Teile Spaniens von den Mauren befreit und geeint hatten, begann eine neue Phase der Unterdrückung, um nicht zu sagen, Verelendung des Landes. Der Adel, abgesichert durch ungeheure Pfründe vor allem in Andalusien, konnte seine Privilegien ständig erweitern und bildete im Laufe des 14. Jahrhunderts die sogenannte Mesta, eine adlige Vereinigung der Herren über riesige Schafherden, die das Wollhandels-Monopol zu Lasten der Landwirtschaft ausbauten.

Die von Ferdinand und Isabella in ihrem religiösen Wahn auf die Spitze getriebene Inquisition ließ Ströme von Blut fließen und den Feuerschein Tausender Scheiterhaufen nicht erlöschen, was ihnen neben ungeheuren Reichtümern auch die besondere Unterstützung seitens des Heiligen Stuhls einbrachte. Die Habgier dieser „allerkatholischsten Majestäten" wurde überdeutlich, als der zum Gouverneur, Admiral und Vizekönig ernannte **Kolumbus** 1500 in Santo Domingo auf Haiti verhaftet wurde, weil sein Antillen-Abenteuer der Krone nicht die erhofften Schätze eingebracht hatte. So dankte das spanische Königshaus dem großen Entdecker und schickte nacheinander **Cortez** und **Pizzaro** in die Neue Welt, um Inkas und Azteken zu „bekehren" und riesige Mengen Gold für die Heimat zu erbeuten.

Die spanische Heimat dankt dem großen Entdecker: Kolumbus Verhaftung in Haiti im Jahr 1500

Langsam begannen die Neuanpflanzungen von Reben in Andalusien, wobei die Klöster fleißig das ihre taten und von den Armen kostenlose Frondienste verlangten. Eine erhebliche Anzahl der Weingärten von **Jerez, Sanlucar de Barrameda, Huelva** und **Condado** stammen aus dieser Zeit nach König **Fernando III.** Eine Vereinheitlichung der Weingesetzgebung erfolgte, alle Handelsbeschränkungen wurden aufgehoben und der Export in einige, dem spanischen Reich angegliederte Provinzen wie Mailand, Neapel, Sizilien und Flandern sowie in die kurz zuvor entdeckten und in Besitz genommenen Kolonien in Amerika begann. Der Schafe züchtende Adel konnte mehr und mehr zurückgedrängt werden und entdeckte schließlich auch selbst die Vorteile der Wein-Herstellung in Andalusien.

Vom 15. bis zum beginnenden 19. Jahrhundert nahm der Weinanbau in der Region um Jerez stetig zu, und der Export nach fast allen europäischen Ländern – allen voran England und die Niederlande – gewann zunehmend an Bedeutung. In den Häfen von Cádiz und Puerto de Santa Maria wurden immer mehr Schiffe mit den dunkelbraunen bis schwarzen Fässern beladen, die den goldbraunen Jerez-Wein enthalten. Noch einmal wurde der Name verändert: Mit der ihnen eigenen Unfähigkeit, fremde Sprachen zu sprechen oder gar zu lernen, vereinfachten die Briten das spanische Jerez – gesprochen Chereß – zu **Sherry**, so wie wir es heute noch aussprechen und schreiben – allerdings nur, wenn der Wein gemeint ist.

Der hier der Kürze wegen gewagte große historische Satz bis 1800 läßt auf eine Zeit rückblicken, die nicht frei von Umwälzungen und Aufregungen war. Englische See-

Zeitgenössische Darstellungen aus dem Piraten-Leben von Sir Francis Drake (Archiv Harvey & Sons)

räuber suchten öfter die Küstengebiete Andalusiens heim, als den Bewohnern dort lieb sein konnte. Einer der berühmt-berüchtigtsten mag wohl der spätere „Sir" **Francis Drake** gewesen sein. Von ihm geht die Legende, daß er eigentlich ein anständiger Weinhändler werden wollte, durch eine öffentliche Backpfeife eines Adligen namens **Melgarejo** jedoch derart desavouiert wurde, daß er diesen Plan aufgab und das schlichte Piratenhandwerk ergriff. Kein Wunder, wenn er Cádiz so oft belagerte und ausraubte, hatte er doch eine

Hafenszene in Puerto de Santa Marie aus dem Jahr 1772

besondere private Rechnung zu begleichen. Bei dem Historiker **Manjor** ist nachzulesen, Drake habe einmal gar 3000 Faß

Sherry bei einer Plünderung des Hafens von Jerez mitgehen lassen. **Gregor von Rezzori** zu diesem räuberischen Tun: „Aber vielleicht wollte er den guten Wein bloß trinken."

Die heute bestehenden Sherry-Unternehmen, die längst von der landwirtschaftlich-handwerklichen Erzeugung zu einer industriellen Produktion übergegangen sind, wurden seit der ersten Hälfte des 19. Jahrhunderts gegründet. Wenn unter den zahlreichen großen Namen sich wie selbstverständlich viele englische befinden, hat das einen recht simplen Grund: Weil es die Briten waren, die dem Sherry erst zu europäischer, später zu weltweiter Geltung verhalfen, konnte es nicht ausbleiben, daß viele englische Kaufleute nach Andalusien kamen, um Sherry zu kaufen. Manche wurden hier seßhaft, gründeten Niederlassungen ihrer englischen Handelshäuser und verheirateten sich mit den Töchtern der Sherry-Barone.

Culinarium

Zwischen Stierkampf und Flamenco

Sir Alexander Fleming, mit dem Nobelpreis geehrt für die Erfindung des Penicillins, prägte einmal den Aphorismus: „Penicillin kann Krankheiten heilen, aber Sherry erweckt Tote wieder zum Leben." Diese charmante Übertreibung paßt genau zur Region Andalusien, zumindest aber auf das Gebiet um Jerez de la Frontera. Hier ist alles Spanische ein bißchen spanischer als sonstwo im Lande. Und natürlich dreht sich alles um Sherry, noch vor Stierkampf und Flamenco.

Jerez de la Frontera – der Zusatz zum Stadtnamen „an der Grenze", einst von einem König für heldenhafte Verteidigung gegen fremde Invasoren verliehen, ist geblieben, auch wenn die Grenze längst weit entfernt von Jerez verläuft – ist nicht nur die Welthauptstadt des Sherry, sondern auch die Wiege des Flamencogesanges. Gelehrte, die alles immer noch genauer wissen und beweisen wollen, streiten sich noch darum, ob „cante flamenco", kurz Flamenco, nun eine rein andalusische Erfindung ist, oder ob auch arabische, indische und

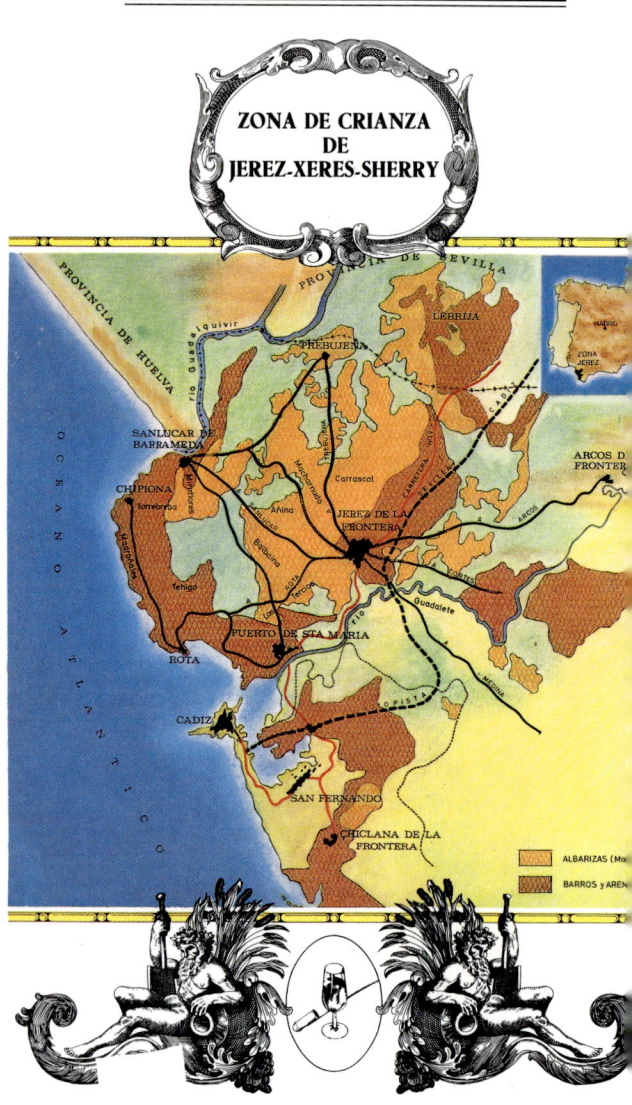

Das Sherry-Anbaugebiet

jüdische Einflüsse geltend gemacht werden müssen. Ohne Flamenco ist das südwestliche Andalusien nicht vorstellbar, gerade weil diese Art elegischer Volkskunst sich nach Meinung von Experten nicht erlernen läßt, vielmehr vererbt wird oder von selbst entsteht. Gesungen wird immer beim Flamenco, manchmal mit, manchmal ohne Gitarrenbegleitung, zumeist aber ist ein Tamburin im Spiel. Und getanzt wird er als Solo, oder auch Paare drehen sich im schnell wechselnden

Andalusische Schöne beim feurigen Flamenco

Rhythmus, stampfen im Takt mit den Füßen und klatschen auf eine ganz besondere Art in die Hände, wenn nicht Kastagnetten einem furiosen Fingerspiel unterworfen werden.

Wer einmal Flamenco live auf einer der kleinen Bühnen, die oft nicht mehr sind, als ein einfaches, aber höchst stabiles Holzpodest, erlebt hat, wird mir recht geben, wenn ich behaupte, daß diese Kunst im Film oder Fernsehen so ziemlich alles

Auch die andalusischen Herren möchten beim Flamenco nicht nachstehen

verliert, was sie ist. Jung und alt tanzen und singen ihn überall, wo es paßt – oder auch nicht. Dreijährige Mädchen drehen sich und bewegen ihre Händchen über dem Kopf, als hätten sie dort keine Gelenke, sondern kleine Flügel. Und Frauen bis ins hohe Alter können es nicht lassen, den in jüngeren Jahren vollendet beherrschten wahnsinnigen Wirbel in einer jetzt eher ruhigeren Version zu wiederholen. Und erst die jungen Männer, schlank in hautengen schwarzen Hosen mit dem hohen Bund. Da ist keine Spur eines Ansatzes, für den sich die Weight Watchers interessieren könnten!

Flamenco gehört in diesem Landstrich zum täglichen Leben wie Wasser und Brot – ach, was sage ich – natürlich wie Sherry und Brot. Das Geheimnis der Zusammengehörigkeit von Sherry und Flamenco erklärte mir einmal ein alter Jerezaner sehr überzeugend. Flamenco ist, auch wenn man die Sprache nicht versteht und den Inhalten der Lieder nicht folgen kann, immer von einer erschütternden Eindringlichkeit. Im Tanz wird dargestellt, was es an Leid und Trauer im Leben gibt, wie unglückliche Liebe und Eifersucht entstehen und wie man dagegen ankämpfen kann, selten mit Erfolg, oft mit Todessehnsucht, Haß oder gar einem Dolch im Gewande. Flamenco ist etwas Gewaltiges, wenn nicht sogar Gewaltsames, das den Zuschauer so in Bann zieht, daß nur Sherry einen Ausgleich schaffen kann, um die Erschütterung bewußt zu empfinden und nicht in eine Art Trance zu geraten.

Denn Sherry ist flüssiger Optimismus, Sherry entspannt, regt an, beflügelt, macht fröhlich. „Er schüttet die Seele aus mit diesen tiefen Schreien, die den Armen Flügel verleihen und den Füßen der Tänzerinnen Gewichte, während die Gitarre schluchzt." Man könnte es auch nüchterner ausdrücken als der Jerezaner, dem wir diese Zeilen verdanken, doch dann wäre man dem Zauber des Flamencos noch niemals verfallen. **Ernest Hemingway** schrieb, Spanien sei ein Land zum Leben, nicht zum Sterben. Wie ganz besonders trifft das auf Andalusien zu!

Wie der Sherry ist auch El Toro – der Stier – mit dem sonnenüberfluteten Fleckchen Erde untrennbar verbunden. Inmitten der unübersehbaren Weingärten gibt

El Toro – der Stier – sollte wie Sherry um die vier Jahre sein, ehe er vor „seine" Gemeinde tritt

es einige Zuchtstätten für wilde Stiere – die der Familie **Osborne** ist wohl die berühmteste –, aus denen immer wieder ein neuer Toro entlassen und in die Arena geschickt wird. Dabei muß die alte Regel beachtet werden: Sherry und Stiere müssen, um zeigen zu können, was in ihnen steckt, gleich- oder zumindest fast gleichalt sein: vier Jahre. Ich möchte keinen Hehl daraus machen, daß ich kein besonderer Freund des Stierkampfes bin, an dessen Ende El Toro sein Leben einbüßt. Die herrlichen, kraftvollen Tiere tun mir einfach leid. Doch dieses Spiel auf Leben und Tod übt eine ungeheure Faszination aus, der man sich bei aller Ablehnung nur schwer entziehen kann.

Die Gegend um Jerez ist auch für ihre Pferdezucht berühmt. Andalusische Pferde gelten als die schönsten ganz Spaniens, und ihnen wird nachgesagt, daß sie nicht laufen, sondern sich mit der Anmut einer Flamenco-Tänzerin bewegen. Der Besuch einer Dressurschau im **Recreo de las Cadenas,** der andalusischen Reitschule, wird das immer wieder bestätigen. Dieses Reit-Ballett entstand erst 1973 anläßlich des Goldenen-Pferde-Preises für 1972, den Prinz und Prinzessin von Spanien dem Gewinner **Don Alvaro Domecq Romero** überreichten. Der Don aus altem Sherry-Geschlecht bedankte sich auf eine ganz besondere Art. Er wüßte, erklärte er, keine würdigere Art, seine Freude auszudrücken, als die Pferde tanzen zu lassen. Ole!

Das war die Geburtsstunde einer Institu-

Die Kunstreitschule von Jerez ist eine der berühmtesten und besten der Welt

tion von inzwischen höchstem Rang, der Andalusischen Kunstreitschule als Mittelpunkt der Erlernung der traditionsreichen spanischen Reitkunst. Am besten wird die Arbeit mit den Zielen erklärt, die sich die Reitschule gesetzt hat:

▶ Auswahl von zur Zucht geeigneten Pferden

▶ Sicherung des Fortbestandes aller meisterhaften Reitkünste

▶ Ausbildung und Perfektionierung von Reiterinnen und Reitern

▶ Bewahrung eines Schauspiels, das das Beste an Reitkünsten, reinen Traditionen und Pferdezucht zeigt, was Spanien zu bieten hat.

Machen wir nun einen Spaziergang durch Jerez, die 3000jährige Stadt mit ihren unzähligen **Bodegas,** den domartigen hohen Lagerhallen, die alle Schätze der umliegenden Weingärten beherbergen, die dort gehegt und gepflegt werden, bis sie als das Gold von Andalusien, in dunkle Flaschen gefüllt, ihren Weg rund um den Erdball antreten. Jerez ist heute eine weitläufige Gemeinde, aus deren Ecken und Winkeln aber immer noch der Hauch weit zurückliegender Vergangenheit herüberweht. Die Jerezaner sind jedoch keineswegs antiquierte Zeitgenossen. Bei aller Tradition hat man sich dem Fortschritt verschrieben, was beispielhaft dadurch zum Ausdruck kommt, daß diese Stadt als erste in Europa bereits 1827 den Bau einer Eisenbahn plante.

Im Südteil, am Hauptplatz Alameda Fortún de Torres, liegt der **Alcázar** auf dem höchsten Punkt der Stadt – eine Festung, die einst Mitte des 12. Jahrhunderts hauptsächlich aus Bädern, einem Palast und den Moscheen für den Wali und seine Familie bestand. Der Palast ist verschwunden, ein anderer wurde von der Familie **Villavicencio** im 18. Jahrhundert auf die Ruinen des alten gebaut. In jüngster Zeit wurden Ausgrabung und Restaurierung des Alcázars intensiviert, deshalb kann es vorkommen, daß dem Besucher Teile der alten Festung zeitweise verschlossen bleiben.

Ganz in der Nähe der Festungsanlagen lohnt die im Barockstil erbaute Kirche **La Colegiata** einen Abstecher. Beim Baubeginn 1695 erwiesen sich die alten Fundamente einer Moschee als überaus brauchbar, so daß man sich neue Grundmauern sparen konnte.

Der **Palacio de Campo Real** heischt nach Beachtung. Jedes Kind in Jerez kann den Weg zeigen zu diesem im mittelalterlichen Teil der Altstadt gelegenen Prachtbau, der 1630 errichtet wurde, seine Fassade jedoch erst im 18. Jahrhundert erhielt.

Weil gerade die Paläste dran sind, gehen wir ein paar Straßen weiter zum **Palacio De Bertemati**, der, zwischen 1770 und 1785 erbaut, eine herrliche Barock-Fassade aus bunten Marmorsteinen mit Säulen und wundervollen Verzierungen vorweisen kann. Der Palast ist, wie auch der „Domecq"-Komplex, ein vorzügliches Beispiel für den bevorzugten Baustil der damaligen Feudalherren.

Der Imbiß wartet in einer der vielen kleinen Kneipen, bestimmt nicht vornehm und mondän, dafür aber mit köstlichen **Tapas** und viel Sherry eine unvergleichliche Mahlzeit. Stärkung muß sein, denn nun stehen zwei oder drei Bodegas auf dem Programm. In den hohen, kühlen Hallen schlendern wir durch endlos scheinende Gänge zwischen Fässern, Fässern und wieder Fässern, die in drei, vier Reihen übereinander lagern. Und schon erwartet uns eine Degustation. Der **Venenciador** steht in Hab-acht-Stellung, vornehm in Schwarz gekleidet mit grellroter Bauchbinde. Wie ein Stierkämpfer drückt er das Kreuz durch, hält bis zu sieben **Copitas,** die kleinen Original-

Mit elegantem Schwung füllt der Venenciador aus luftiger Höhe die Gläser, ohne dabei einen Tropfen zu verschütten

Sherry-Gläser, zwischen den Fingern der linken Hand, als wäre das ein Kinderspiel, und stößt seine **Venencia,** den kleinen Schöpfzylinder aus Silber oder Bambus an einer langen Gerte aus Walbein (oder auch manchmal Kunststoff) durchs Spundloch tief in ein Faß. Der Stoß ist nötig, damit er die auf dem Sherry schwimmende Oberflächenhefe – den **Flor** – nicht zerstört. Und dann das Schauspiel: Voller Eleganz schwingt die Venencia in die Höhe über den Kopf wie ein Dirigenten-Stab, und der Sherry fließt in langem Strahl in die Gläser, ohne daß auch nur ein Tropfen daneben

Selbst aus nur halber Höhe gelang es mir per Zufall, wenigstens einige Tropfen ins Glas zu befördern

geht. Perfektion, die sich spielerisch gibt, aber von jahrelanger Übung zeugt. Ich habe es versucht – o heiliger Dionysos! welche Blamage! –, alles ging daneben. Verständlich, daß ich nicht schlecht staunte über die Glanzleistung einer Bekannten, die ihre Venencia meisterlich handhabte und auch den Sherry ins Glas brachte. Das Geheimnis kam schnell an den Tag: Übung mit der Venencia in der Badewanne im heimatlichen Hamburg!

Selbst bei wiederholten Besuchen im Sherry-Land ist es immer wieder beeindruckend, den „Salon" einer Bodega zu betreten. Wunderschöne alte Fässer lagern in kleinen **Soleras** übereinander, jedes wetteifert in Schnitzerei mit dem anderen, oder aber es ist das Gästebuch der Bodega. Berühmte Persönlichkeiten versahen „ihr" Sherry-Faß mit ihrem Namen und dem

Eine Salon-Bodega für die Gäste, doch mit höchst alten und wertvollen Schätzen in den Fässern

Datum ihres Besuchs, von Monarchen bis zu Premierministern, von Schriftstellern bis zu Sportlern, von Schauspielern bis zu Opern-Tenören, von Politikern bis zu internationalen Playboys.

Nein, noch geht's nicht zurück ins Hotel, eine Schatzkammer wartet noch auf uns. Hier liegen die Fässer mit den ältesten und besten Sherrys der Bodega, manche darunter sind so alt, daß ihr Inhalt nicht mehr mit Genuß getrunken werden kann. Ein

Der Besuch einer Bodega lohnt sich immer, ist doch die Atmosphäre eine ganz besondere zwischen den Soleras, die oft schon 100 oder mehr Jahre am selben Fleck ruhen. Und eine Führung endet immer mit einigen Probeschlucken und einem kleinen Imbiß, der den Gästen kostenlos gereicht wird

Jubelfest für die Nase aber ist es immer, was da wartet, bis ein **Capataz** – ein Kellermeister – sich entschließt, eine Kleinigkeit zu entnehmen um einen anderen, jüngeren Sherry damit zu veredeln.

Das Urlaubs-Budget wird durch einen oder auch mehrere Bodega-Besuche überhaupt nicht belastet, die Führungen sind kostenlos. Was aber natürlich nicht ausschließt, daß in der Bodega-Boutique eingekauft wird. Dort stehen nämlich alle Sorten aufgebaut, und die Kostbarkeiten sind oft überaus preiswert zu erstehen.

Nach dem Mittagessen lohnt sich ein Ausflug ins nicht weit entfernte Dorf **Jabugo**. Doch wer kennt schon dieses Nest? Halt, halt, nicht voreilig sein, Spanier kennen dieses verträumte Fleckchen, für Andalusier ist es geradezu ein Pilgerort. Wirkt hier doch **Raul Romero** schon fast ein halbes Jahrhundert im Dienst der schönsten Schweinerei des Landes. Zum Flamenco ist seine an eine Kugel erinnernde Leibesfülle wohl nicht mehr so richtig geeignet, stolz aber ist er wie ein Torero, wenn er dem Gast den Himmel seiner Halle zeigt, der nicht voller Geigen, wohl aber mit Tausenden von Schinken behangen ist. Die sechs bis acht Kilo schweren Keulen reihen sich schier endlos über unseren Köpfen, alle mit zartweißem Schimmel überzogen und einen Duft ausströmend, der noch jedermann hat das Wasser im Mund zusammenlaufen lassen. Mitten drin im berühmten Jambon-Gebiet sind wir, wo der unvergleichliche luftgetrocknete Schinken herstammt, der für uns in Deutschland immer noch nicht erreichbar ist. Es sei denn, wir essen ihn an Ort und Stelle; die Einfuhr ist streng verboten, woran auch Spaniens Beitritt zur EG leider noch nichts geändert hat.

Unvergeßlich ist eine Stippvisite in der alten und bizarren Felsenstadt Arcos, wo übrigens hoch oben ein zauberhaftes Hotel auch zu längerem Verweilen einlädt

Weiter geht die kleine Rundreise zu herrlichen Plätzen und vielen Gourmetüberraschungen, denn Andalusien bietet eine Menge guter Adressen. Wie etwa die bizarre Felsenstadt **Arcos,** wo sich der ehemalige Herzogspalast als zauberhaftes Hotel anbietet. Oder das im Mittelalter entstandene **Ronda** mit dem Palast – schon wieder einer! – eines Mohrenkönigs und dem einmaligen Marktplatz, auf dem **Placido Domingo** seinen Carmen-Film drehte.

Zurück ins Sherry-Zentrum, diesmal nach **Puerto de Santa Maria.** Ein ehrwürdiges Städtchen empfängt uns, trotzdem voll quirligem Leben, mit einer Atmosphäre, die schon **Kolumbus** vertraut war. Zum wiederaufgebauten Schloß ist es nur eine Viertelstunde, und – wie könnte es anders sein? – überall Paläste als Zeugen einer glorreichen Vergangenheit. Bei aller Historie erweist sich die zauberhafte Hafenstadt in der Bucht von Cádiz als überaus progressiv, was den Tourismus anlangt. Im Augenblick ist ein Sportboothafen im Entstehen mit Steganlagen für gut 1000 Yachten. Dazu gehören bald auch jede Menge Ferienhäuser, Restaurants, Bars und Geschäfte, damit es den Damen und Herren Freizeit-Kapitänen an nichts fehle. Wäre das nicht eine gute Idee für Ihren nächsten Urlaub?

Durch eine Landschaft mit Pinienwäldern, vielleicht noch ein Stück am Strand entlang, kommen wir nach **Sanlucar de Barrameda,** nicht ohne einige Male an zehn Meter hohen Werbe-Stieren mitten in den Weingärten vorbeizumüssen, die unübersehbar verkünden, daß hier der Sitz derer von **Osborne** liegt. Setzen wir uns in eines der vielen kleinen Restaurants, am Ufer des **Guadalquivir,** schlürfen einen kühlen **Manzanilla,** den Sherry, der nur an diesem Ort gedeiht, und leeren die große Platte Langusten. Abends aber, das ist direkt ein Muß, sitzen wir in der **„Casa Bigote",** direkt gegenüber dem Hafen, ein Restaurant, eng und schmal wie ein überlanges Handtuch, mit den Schätzen eines Seefahrt- und Fischerei-Museums an den

Wänden. Vielleicht hat hier einst schon der Weltumsegler **Ferñao de Magalhaes**, dem wir die Magellan-Straße verdanken, schon gesessen, der in Sanlucar sein Schiff u.a. mit 417 Weinschläuchen und 253 Fässern voll mit Sherry belud. Eine Fülle vielerlei Tapas schleppen die Kellner schüsselweise an den Tisch, des Schmausens ist kein Ende, denn hier sind die Langustinos, Gambas, Muscheln aller Art ein Gedicht – nirgends schmecken sie besser, nirgends sind sie frischer.

Eine milde Abendbrise hat die bis zu 40° Celsius steigende Hitze des Tages abgelöst, durch die hügelige Landschaft geht's dem Hotel entgegen. Weingärten, immer wieder Weingärten, nur selten einmal unterbrochen von Olivenhainen in den Tälern, Agaven, blühenden Oleanderbüschen und Kakteen. Auch hin und wieder ein kleines oder pompöses Landhaus; strahlend weiß verputzt, im maurischen Stil, setzt es diesem Garten Eden sozusagen den I-Punkt auf.

Beste Reisezeit für Andalusien ist der späte Frühling oder der frühe Herbst, die Temperaturen sind dann angenehmer. Urlaub der Sonderklasse garantiert eine Reise Anfang September; dann wird in Jerez das offizielle Fest der Weinlese – die **Vendimia** – gefeiert. Die ganze Stadt ist für Tage aus dem Häuschen, überall wird getanzt, gesungen und natürlich reichlich gegessen und getrunken. Seit Jahrzehnten wird jedes Jahr die Vendimia zu Ehren eines Landes oder einer Stadt zelebriert, der Sherry dieser Ernte den Freunden und Genießern irgendwo auf der Welt gewidmet. Früher hatte die Bundesrepublik Deutschland schon einmal die Ehre, eine ganz besondere Vendimia aber war die des Jahres 1986: Berlin (West) war ausgewählt worden.

Höhepunkt der Weinlese ist stets die Segnung der ersten Trauben des Jahres, vorgenommen vom Abt auf den Stufen der alten Kathedrale von Jerez. In großer Zeremonie wird jedes Mal auch die Weinkönigin proklamiert und inthronisiert. 1986 hatte der Regierende Bürgermeister von Berlin (West), **Eberhard Diepgen,** für den Hofstaat der „Regierenden Sherry-Weinkönigin" die 17 Jahre junge, zauberhafte Jerezanerin **Mercedes Lopez de Carrizoso,** eine würdige Vertreterin aus seiner Stadt, mitgebracht, die sich mit knapp 18

Die Sherry-Weinkönigin und der Kellermeister des Jahres 1985 kurz nach ihrer Proklamation

Ehrung auch für die Bundesrepublik: In diesem Faß ruht der Sherry des Jahrganges 1960, aus einer Ernte, die der Bundesrepublik gewidmet war

Jahren und perfekten spanischen Sprachkenntnissen für einige Tage als Hofdame den manchmal recht strapaziösen Festivitäten widmete.

Auch ein ehrenamtlicher **„Capataz des Jahres"** wird gewählt, jeweils direkt im Anschluß an den Empfang der Gäste findet die feierliche Amtseinsetzung statt. 1986 war es der Kellermeister der **Bodega San Gines, Don Carlos Gonzales Rivero.**

Wichtigstes und feierlichstes Ereignis der ganzen Vendimia-Woche aber ist die Segnung der ersten Sherry-Trauben und die anschließende Pressung nach alter Tradition. Gegen 11.00 Uhr wird eine Messe gelesen, und anschließend versammeln sich die Weinkönigin und ihre Hofdamen ganz oben auf der Treppe direkt vor der Kirchentür. Alle tragen Erntetrachten. Der Abt der Kathedrale segnet die auf dem Vorplatz aufgebaute Kelter und die ihm von der Königin auf silbernem Tablett gereichten Trauben, die anschließend in die Kelter kommen. Viele junge Mädchen bringen nun Körbe voller Trauben, füllen die Kelter, und vier Weintreter in weißen kurzen Hosen mit den speziellen Tretstiefeln zerstampfen sie. In dem Augenblick, wenn der erste Most aus dem Zapfloch ins Faß fließt, steigen Tausende weißer Tau-

Königin und Capataz des Jahres erwarten die Segnung der ersten Trauben und des ersten Mostes vor dem Portal der Kathedrale in Jerez

Festlich und fröhlich-bunt gekleidet warten die Mädchen darauf, in Körben die neuen Trauben zur Kelter zu tragen

ben vom Kirchturm auf. Jede von ihnen trägt eine Nachricht, die dem ganzen Kontinent verkünden soll: Der neue Wein ist geboren. Unbeschreiblicher Jubel steigt auf, die Menschenmassen vor der Kathedrale und bis weit in die Straßen und Gassen hinein geraten förmlich in einen Freudentaumel. Wer das einmal erlebt hat,

Der schwere Korb ist in die Kelter geleert

wird diesen Rausch aus Freude, Farben und Fröhlichkeit, aus Musik und Tanz niemals wieder vergessen.

Ole! Der erste Most sprudelt aus dem Spundloch, der neue Wein ist geboren

Culinarium

Bei der Sherry-Herstellung ist alles anders

William Shakespeare ist wohl der berühmteste Sherry-Freund, dessen Vorliebe geradewegs in die Weltliteratur einging. Läßt er doch in „Heinrich IV." den wohlbeleibten **Falstaff** ausrufen: „Sherry steigt mir ins Gehirn, trocknet mir dort alle närrischen, dummen und rohen Gedanken, die es umgeben, macht es geistvoll, munter und erfinderisch." Weil zu seiner Zeit Sherry in England bereits zu jeder guten Tafel, in jedes gepflegte Haus gehörte, ist dies nicht weiter verwunderlich. Aus einem erhalten gebliebenen Dokument von **Sir T. Chamberlain** an die Königin vom 27. September 1561 geht hervor, daß „einige englische Kaufleute aus einer Stadt Andalusiens, genannt Xeres de la Frontera, mindestens 40 000 Stückfässer Wein pro Jahr (nach England) verschiffen".

Zu dieser Zeit dürften Sherry in deutschen Landen nur eine Handvoll Reisende und Königliche Majestäten gekannt haben. Zu ihnen zählte der Kurfürst von Sachsen und König von Polen, **Friedrich**

PLAYBOY Culinarium

August, besser bekannt als **August der Starke.** Als dieser fürstliche Schürzenjäger der Sonderklasse als junger Bursche sich „die Welt ansah", kam er unter dem Pseudonym „Prinz von Meissen" auch nach Madrid, als gerade zu Ehren der neuen Gemahlin von König **Karl II.** ein großer Stierkampf vorbereitet wurde. Ein Chronist schrieb 1735: „... so sprach er (August der Starke) zu den Herrn seines Hofes mit der Annehmlichkeit, die allezeit seine Reden begleitete: ‚Sehet da eine erwünschte Gelegenheit uns hervor zu thun. Ich dencke, wir müssen den Leuten hier etwas von uns zu reden machen, wir müssen morgen ein paar Lantzen brechen, und unseren Liebsten zu Ehren etliche Stiere hinrichten.'" Gesagt, getan, am folgenden Tag betrat August ohne Wissen des Königs die Arena, nachdem er sich vom Umgang mit „el toro" durch etwas Zuschauen informiert hatte. Sein Zeitgenosse formulierte es so: „Er trat in die Schrankken und that Wunder der Geschicklichkeit und Stärcke. Er führte mit dem Hirschfänger einen so entsetzlichen Hieb auf das Hals-Genick eines dieser wütenden Thiere, daß der Kopff beynahe gantz herunter gegangen, und also dasselbe todt zu Boden stürtzte."

So gelang es dem designierten Herrscher über Sachsen und Polen, die Aufmerksamkeit des Königspaares zu gewinnen; er wurde eingeladen, begann sogleich jede Menge Liebeshändel – auch mit verheirateten Frauen –, die sogar in Duelle und öffentliche Schlägereien ausarteten. Und da August schon im Alter von 18 Jahren (so jung war er damals noch) ein rechter Saufaus war, der mühelos acht Flaschen Wein in vier Stunden zu vertilgen wußte, „soff er ganze Krüge des süßen andalusischen Weins in sich hinein".

Daß er allerdings nur diesen Wein, der ihm offenbar gemundet hatte, auch in seiner späteren Residenz Dresden eingeführt hätte, davon gibt es kein überkommenes Zeugnis. Machen wir einen weiteren Zeitsprung und wagen den Sprung in die Gegenwart, um Bahnhofsvorstand **Alfred „Bio" Biolek** über seine Ansicht zu Sherry zu befragen: „Der trockenste Weg in einen feucht-fröhlichen Abend." Na also, bin ich geneigt zu sagen.

Und doch braucht Sherry nicht die Fürsprache von Kur-, Dichter- oder Fernsehfürsten. Sherry spricht für sich selbst – etwa nach dem Motto: Probieren geht über Zitieren.

Wenn in bezug auf Sherry von „Wunderwein" die Rede ist, hat das durchaus seine Berechtigung. Das Prädikat „unnachahmlich" trifft so ziemlich auf jeden guten Wein zu, ist also eine ebenso entbehrliche Vokabel wie „unvergleichlich".

Ob es nun Bordeaux, Tokajer oder Champagner sein mag, jeder ist auf seine Art unvergleichlich. Alles aber, das zur Herstellung fast jeden Weins gehört, ist natürlich oder wissenschaftlich zu erklären. Nicht so beim Sherry. Hier hält die Natur noch vor einigen Geheimnissen ihre

Türen verschlossen, und alle noch so hochverfeinerte Analysetechnologie unserer Tage sucht nach wie vor vergeblich nach einem Schlüssel, der paßt. In der Tat ist also Sherry ein Wein, an dem noch Wunder hängen. Um diese besser würdigen zu können, ist ein Überblick über die Etappen der Herstellung – vom Weinberg bis in die Flasche – recht hilfreich.

Zuerst einmal ist die Ursprungsbezeichnung „Sherry" ebenso geschützt wie zum

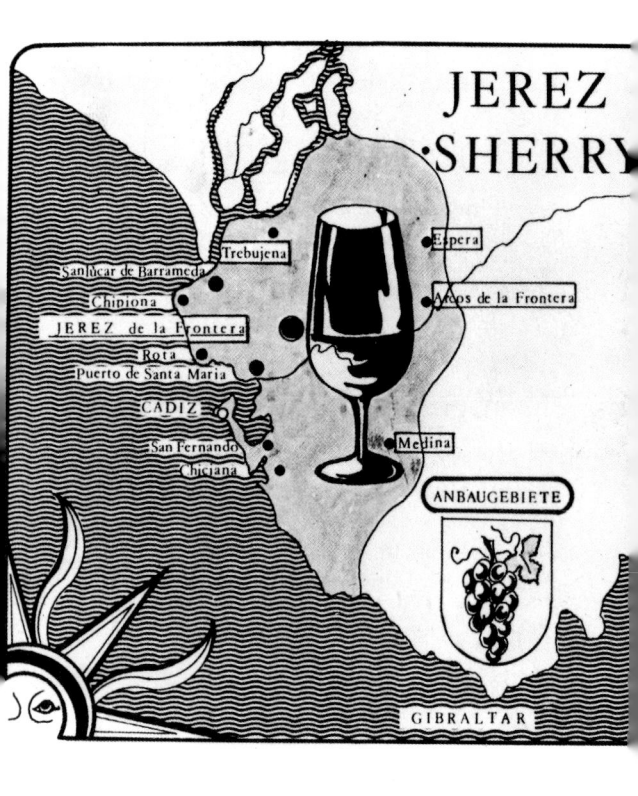

Beispiel „Champagner" oder „Cognac". Nur in einem genau definierten Gebiet darf Sherry angebaut und hergestellt werden. Es handelt sich dabei um die gerade 100 m^2 Land im Dreieck der Städte **Jerez de la Frontera, Puerto de Santa Maria** und **Sanlucar de Barrameda** im westlichen Andalusien. Eingerahmt wird diese Region von den Flüssen **Guadalquivir** und **Guadalete** sowie von der sonnigen Atlantikküste. Alles am und um Sherry wird streng kontrolliert und geschützt von einer Kommission der Ursprungsbezeichnung Jerez-Xérès-Sherry, dem **Consejo Regulador de la Denominaciòn de**

Juan Carlos, König von Spanien, erhält aus der Hand des Präsidenten des Consejo Regulador, Antonio Barbadillo, eine Erinnerungsmedaille zum Goldenen Jubiläum der Kontrollkommission zum Schutz der Ursprungsbezeichnung Sherry, die – 1935 gegründet – als die älteste Organisation dieser Art in Europa gilt

Origen Jerez-Xérès-Sherry, dem spanischen Landwirtschaftsministerium angegliedert. 1986 konnte diese Schutzbehörde als älteste ihrer Art den 50. Geburtstag begehen.

Die ersten Voraussetzungen für einen hervorragenden Sherry sind die idealen Klima- und Bodenverhältnisse. Drei verschiedene Bodenarten sind für den Rebenanbau geeignet: ein fast weißer Kalkboden **(Albariza),** ein lehmiger und humusreicher Boden **(Barro)** und ein noch ausreichend fruchtbarer Sandboden **(Arena).** Dazu kommen Sonne – rund 295 Tage im Jahr – und genügend Feuchtigkeit durch Regen und Luft. Auch der Wind vom Atlantik spielt eine ganz wesentliche Rolle sowohl beim Wachstum als auch bei der Sherry-Herstellung, wie wir später noch sehen werden.

Ehe nun ein Sherryweinberg oder -garten überhaupt bepflanzt werden kann, muß das oft sehr harte Erdreich bis zu einem Meter tief umgepflügt werden. Die Zeiten, als noch zwölf Maulesel, vor eine Winde gespannt, diese Arbeit leisten mußten, sind vorbei. Heute werden Traktoren eingesetzt, was zwar weniger romantisch, dafür aber effektvoller ist. Zur Sherryproduktion werden im wesentlichen nur drei Rebsorten verwandt, weil es sich um einen Weißwein handelt, ausschließlich helle Trauben. Es gibt daneben allerdings auch einige Variationen, die leicht goldgrün und auch rötlich sind; in der Menge spielen sie jedoch kaum eine Rolle.

Die dominierende Sorte ist die **Palomino-Rebe** (nicht zu verwechseln mit einer Kindermode-Kollektion). Die zwei Versionen **Palomino Fino** und **Palomino de Jerez** unterscheiden sich nur sehr gering voneinander, beiden ist eine kaum gefärbte, längliche Traube eigen. Die Palomino-Rebe ist außerordentlich ertragreich, und der Wein zeichnet sich durch nur schwache Säure aus.

Die zweite Rebsorte ist die **Pedro Ximenez,** die außer in und um Jerez auch in Malaga und Montilla-Moriles weit verbreitet angetroffen wird. Der seltsame Name soll auf einen deutschen Soldaten, **Peter Siemens,** zurückgehen, der diese Rebe im 16. Jahrhundert nach Südspanien brachte. Siemens wurde dann zu Ximenez, für die Spanier wesentlich leichter auszusprechen. Diese Rebsorte – auch kurz **PX** genannt – reift später als die Palomino-Trauben und ist ständig von Fäulnisgefahr bedroht. Nach der Lese werden die Trauben nicht sofort in die Kelter gebracht, sondern auf Stroh- oder Ginstermatten ungefähr zwei Wochen der direkten Sonnenbestrahlung ausgesetzt und getrocknet. Dadurch wird der aus ihnen gewonnene Wein sehr süß und alkoholreich.

Ist eine Rebfläche neu bepflanzt, dauert es vier Jahre bis zur ersten Ernte. Diese Zeit braucht die Pflanze, um die Wurzeln bis über acht Meter in die Tiefe wachsen zu lassen, aus der die Unterboden-Feuchtigkeit geholt und zu den Trauben geführt wird. Die Sherry-Reben werden nicht an

Pfählen hochgezogen oder mit Drähten gehoben, sondern niedrig gehalten, um die Qualität auf Kosten der Quantität zu verbessern. Gegen die oft recht heftigen Levante-Winde werden die traubentragenden Zweige nur mit kurzen Stöcken abgestützt.

Die Palomino-Traube ist nicht nur Hauptlieferant für den Sherry (mit 80 bis 90 Prozent), sondern auch äußerst schmackhaft. Um kurz vor der Lese Diebstähle größeren Ausmaßes zu verhindern, stehen mitten in den Weinbergen kleine Hütten, wo Tag und Nacht Wächter ihre Augen offenhalten. Die Jerezaner haben ein Sprichwort: „Niñas y viñas son malas de guardar", was zu deutsch etwa heißt: Junge Mädchen und Weinberge sind schwer zu überwachen.

Anfang bis Mitte September beginnt die

Die Weingärten brauchen viel Pflege und Kontrolle

Immer wieder gibt es etwas zu tun, damit die Rebstöcke einmal Trauben bester Qualität tragen

eigentliche Lese, stets verbunden mit fröhlichen Festen und Feiern. Jung und alt sind während der Lese in Aktion, von Sonnenaufgang bis Sonnenuntergang bleibt nahezu jede andere Arbeit liegen, bis die letzten Trauben geerntet sind. In Körben und neuerdings auch Plastikkästen werden sie per Traktor oder Lastwagen vor die Kelterhäuser gefahren. Sind manche Trauben zwar reif, aber noch nicht süß genug, stehen schon einmal ein paar Tausend dieser Gefäße noch einige Tage in der

Sonne, nur nachts unter Matten und Planen vor Tau geschützt. Ist der Reife- und Süßegrad optimal, wandern sie direkt vom Lkw über ein Förderband in die Kelter.

Noch vor 40 Jahren wurden die Trauben grundsätzlich in den Weinbergen gekeltert, in denen sie gewachsen waren. In

Nur kleinere Weinbauern transportieren noch auf diese traditionelle Weise ihre Trauben

In kleinen Häufchen oder auch im Korb bleiben die Trauben noch ein paar Tage in der Sonne, wenn die optimale Reife nicht ganz erreicht ist oder aber viel Zucker erwartet wird

großen Bottichen wurde das Zermatschen von Männern durchgeführt, die mit speziell besohlten Schuhen ihre Arbeit taten, ehe handbetriebene Pressen den Most aus den zerstampften Trauben holten. Diese etwas archaische Methode ist modernsten Maschinen zum kontinuierlichen Entrappen und teuren Hochdruckkeltern gewichen. In kleineren Bodegas der Stadt Jerez aber werden noch häufig Teile des Lesegutes „getreten". Waren die Männer früher oft barfuß, tragen sie heute feste Schuhe, aus deren Sohlen Nagelköpfe herausragen, die die Kerne der Weinbeeren aufspießen sollen, damit diese nicht beschädigt werden und Tannin an den Most abgeben.

Daß diese Geschiche etwas unglaubhaft klingt, gebe ich gern zu. Ich habe diesem „Treten" einmal zugesehen und kann mir heute noch nicht vorstellen, daß die Kerne tatsächlich an den Nagelspitzen hängenbleiben – doch sie tun es! Es gibt einen sehr einfachen Beweis dafür: Sobald zuviel Gerbsäure in den Most kommt, wird niemals ein Sherry draus – so einfach ist das.

Ähnlich wie bei der Champagner-Herstellung ist auch beim Sherry nur der Most aus der ersten, leichten Pressung für die weitere Verarbeitung zu Wein erlaubt; alles was danach kommt, muß später destilliert werden. Diese Maßnahme hat zur Folge, daß die meisten Sherry produzierenden Bodegas auch gute bis hervorragende Brandys herstellen.

Noch ehe der Most zu gären beginnt – was in der Regel recht schnell geschieht –,

Der Großteil der Lese geht sofort übers Fließband in die Kelter

Das „Stampfen" der Trauben, wie es früher üblich war, geschieht heute nur noch selten; besondere Nagelschuhe spießen die Kerne aus den Beeren auf, damit sie nicht im Most bleiben und dabei zuviel Gerbsäure abgeben

wird ihm eine geringe Menge **Calciumsulphat** beigegeben, das die Farbe des Mostes aufhellt und die Gärung verbessert. Diese Prozedur wird, wie auch jeder weitere Schritt bei der Wein- beziehungsweise Sherrywerdung, vom Consejo Regulador kontrolliert.

Die Ungeduld des Mostes führt nicht selten zu einem Gärungsbeginn schon während des Transports in eine der Bodegas, so hurtig die Lastwagenfahrer und Ochsenkarrenführer auch sein mögen. Hunderte von Wagen aller Art rattern in diesen Tagen durch die Städte, um die Bottiche mit der kostbaren Fracht in kühle Lagerhallen zu bringen. Und immer wieder ist es ein Erlebnis zu sehen, wie aus den Spundlöchern der hölzernen Gefäße der Schaum herausquillt und in großen Flocken auf die Straße fällt. Ist einmal ein

Spundloch zu fest verschlossen und wird erst zum Umfüllen in der Bodega geöffnet, spritzen meterhohe Fontänen von Schaum hervor. Leider werden Schauspiele dieser Art immer seltener, denn moderne Zylinderpressen ersetzen mehr und mehr die altehrwürdige Hand- und Fußarbeit.

Der Most, aus dem einmal Sherry werden soll, ist nun in einer Bodega – und schon ist wieder einmal alles anders, als wir es von der Weinherstellung zu wissen glauben. Schon allein der Begriff **Bodega** will erklärt sein. Es handelt sich dabei nämlich um eine ebenerdige Halle ohne Keller, die in der Regel die Ausmaße – auch in der Höhe – einer kleineren Kathedrale hat. Der Fußboden ist mit feinem Sand bestreut und wird ständig feucht gehalten, um eine Verdunstung des Sherrys weitgehend zu vermeiden. Unter

In mehreren Bodegas dieser Art – wenn auch nicht alle so groß sind – lagern Zehntausende Fässer, in denen der Wein zum Sherry wird

der hohen Decke befinden sich lange Reihen von Fenstern, besser gesagt sind es Fensteröffnungen, die mit Matten verschlossen werden können. In diesen allen lagern in mehreren Reihen übereinander die Fässer, in denen der Wein vom Moststadium bis zur Abfüllung auf Flaschen ruht und heranreift.

All diese Besonderheiten des Ambientes haben ihren Sinn. Sherry braucht, anders als „normale" Weine, Luft zur Reife. Deshalb sind die Fässer auch nur zu zwei Dritteln bis drei Vierteln gefüllt, deshalb sitzt der Spund nur recht locker in seinem Loch, deshalb sind die Fensteröffnungen für eine gute Belüftung nötig und werden mit den Matten nur am Tage gegen die Sonne abgeschirmt. Der feuchte Sandboden sorgt darüber hinaus für entsprechende Kühle. Damit Sie bei Ihrem nächsten Andalusien-Aufenthalt nicht durcheinanderkommen, hier noch ein Hinweis: Bodega ist auch die Bezeichnung für ein Unternehmen, das Sherry herstellt.

Bevor wir uns mit einem echten Wunder auseinandersetzen, müssen die bis in vier Schichten – manchmal auch mehr – übereinander lagernden Faßreihen zu ihrem Recht kommen. Durchaus nicht zur besseren Platzausnutzung ist diese Art der Lagerung erfunden worden. In der halbdunklen, kühlen Stille der Bodegas ruhen die Weine verschiedener Jahre, manche der altersschweren Eichenholzfässer liegen vielleicht schon hundert oder mehr Jahre an ihrem Platz. Die unterste Reihe der

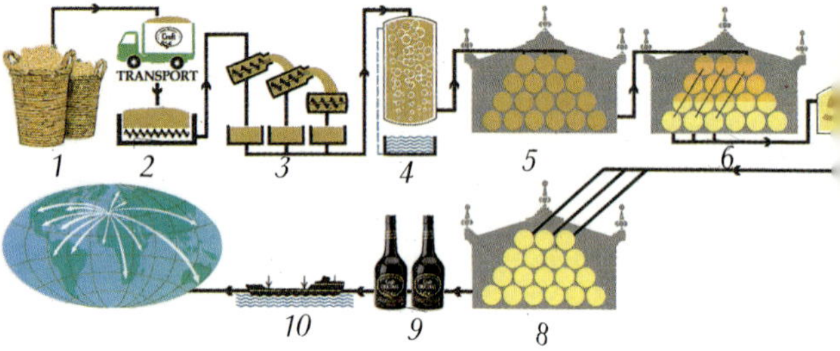

Das Solera-Verfahren schematisch:
1 Lesegut; 2 Transport zur Kelter und Pressung; 3 Erste Bearbeitungsstufe; 4 Gärung; 5 Erste Lagerzeit im Añada-Verfahren, nachdem die vergorenen Weine nach Art und Charakter getrennt sind; 6 Solera für lange Lager- und Reifezeit, hier liegen Fässer mit jeweils gleichen Weinen übereinander, die verschieden alt sind; 7 Das Blenden oder die „Vermählung"; 8 Solera, in der die fertigen Sherrys nach dem Blenden kurze Zeit ausruhen; 9 Abfüllung auf Flaschen; 10 Versand in alle Welt

Fässer ist die **„Solera",** vom spanischen Wort suelo für Boden. Hier ruhen die ältesten Weine. Die darüberliegenden Fässer sind mit etwas jüngerem Wein der gleichen Sorte gefüllt, die dritte Reihe beherbergt noch jüngere Jahrgänge, und schließlich enthalten die Fässer der obersten Reihe den jüngsten Wein. Alle diese Faßreihen werden **„Criadera"** genannt, außer, wie gesagt, der Basislage, die Solera heißt und dem ganzen, auf jahrhundertealter Überlieferung beruhenden System den Namen gibt: **Solera-System.** Nein, nein, natürlich ist mit diesem System nicht nur die besondere Art der Lagerung gemeint. Das Geheimnis ist viel aufregender.

Sherry hat neben den vielen geschmacklichen, bekömmlichen und anderen Vorteilen noch einen Pluspunkt: Man muß sich nicht mit dem Studium von Lagenbezeichnungen und Jahrgängen abmühen, weil der Sherry in den allermeisten Fällen aus mehreren verschiedenen Weinen der unterschiedlichsten Altersstufen gemischt ist, wenn er abgefüllt in der Flasche auf Ihren Appetit wartet. Es gibt also keinen Jahrgangs-Sherry.

Um aus unserem Streifzug durch die Sherry-Herstellung keine Fachbibel zu machen, ist eine etwas simplifizierte Beschreibung des Solera-Systems angebracht. Aus der untersten Reihe, der Solera, wird jährlich maximal ein Drittel entnommen und nach etlichen komplizierten Prüfungen und Kontrollen zum Abfüllen und Verkaufen freigegeben. Unmittelbar danach wird die gleiche Menge aus dem Faß darüber in das Faß der Solera-Ebene gepumpt. Nunmehr folgt ein Umfüllen aus dem Faß der dritten Reihe in das darunterliegende und so weiter bis zur obersten Faßreihe. Auf diese Weise gelingt es dem Kellermeister, ganz spezielle und für die jeweilige Bodega als Firma typische Sherry-Sorten in gleichbleibender Qualität zu produzieren – den Sherry aus den Solera-Fässern. Das ist das Grundgeheimnis dieses raffinierten Verschnitt-Systems.

Gehen wir wieder zurück zum jungen Most, der gerade angeliefert wurde und sich im Anfangsstadium, das auch stürmisch genannt wird, der Gärung befindet. Man möchte sagen, er gehört noch in die Grundschule, hat noch nichts im Gymnasium des Solera-Systems zu suchen. Vorerst kann er sich bis zum Beginn des auf die Lese folgenden Jahres in seiner Gärung austoben. Dann aber muß er sich der ersten Prüfung stellen, der ersten Verkostung, die über sein weiteres Schicksal entscheidet. Er wird klassifiziert, sagen die Fachleute. Vorhang auf für das erste Wunder, wie versprochen! Jedes Faß muß einzeln vom **Capataz,** dem Kellermeister, geprüft werden, denn in den bisherigen drei bis vier Monaten hat der vom Most zum jungen Sherry gewandelte Wein seinen ureigensten Charakter entwickelt und seinen weiteren Lebensweg vorgezeichnet. Niemand weiß, warum und wie das geschieht.

In jedem einzelnen Faß können sich ganz unterschiedliche Weineigenschaften im Ansatz entwickelt haben. Das muß nicht unbedingt so sein, aber es kann. Aus Trauben, die am selben Tag vom selben Weinberg geerntet und gemeinsam in der Presse zu Most wurden, der in zwei gleichartige Fässer gefüllt wurde, können sich bei der Gärung zwei vollkommen verschiedene Weine entwickeln. Niemand kann diesen Prozeß kontrollieren oder beeinflussen, und jegliche Prognose vor der Gärung – etwa nach der Lage, dem Reifegrad oder anderen Merkmalen und Umständen – ist vollkommen witzlos. Der Sherry-Most macht, was er will.

Identische Trauben, gleichzeitiges Pressen und Abfüllen des Mostes aus einem Bottich in zwei gleiche Fässer kann zur

Folge haben: Der eine Most hat sich in Richtung Feinheit in Farbe, Aroma und Stil entwickelt und verspricht, ein hervorragender Sherry zu werden; der Most im anderen Faß zeigt eine deutliche Tendenz zu flachem Geschmack, plumpem Aroma und etwas unterernährtem Bukett – aus dem wird nie ein trinkbarer Sherry. Weg zum Verspriten. Oder in die Essigfabrik.

Ich kann mir nicht helfen, aber wenn ich mir einen feinen trockenen Sherry einschenke, muß ich mich stets über dieses Wunder erneut freuen. Ist es nicht wirklich „wunderbar", daß trotz aller Technik und menschlicher Intelligenz die Natur doch noch macht, was sie will, ohne sich in die Karten gucken zu lassen? Es ist, als würde Bacchus aus dem goldenen Wein von Jerez verschmitzt herauslächeln, ein Auge zukneifen und mir eine lange Nase machen.

Mit diesem Mirakel ist ein zweites eng verbunden, das es dem Capataz ermöglicht, bei der Prüfung den Wein jedes Fasses richtig einzustufen. Zum Ende der Gärung bildet sich auf dem Wein eine Hefeschicht, der sogenannte Flor – oder er bildet sich eben nicht. Dieses oder jenes Merkmal bestimmt den jungen Wein, ein **Fino** zu werden oder ein **Oloroso,** das sind die beiden Grundtypen, aus denen alle anderen Sherry-Sorten entstehen. Beide sind von Natur trocken, unterscheiden sich aber in der Farbe und in einer Menge Geschmacksnuancen. Nachdem die Weine nun in andere Fässer umgefüllt wurden, werden sie auf ihren Alkoholgehalt geprüft

Deutlich ist in diesem Demonstrations-Faß der Flor auf der Oberfläche des Sherry schwimmend zu erkennen

und mit mehr oder weniger Weinbrand aufgespritet. Das wird mit Sherry übrigens immer getan.

Die hochqualifizierten Kellermeister lassen dem Jünglings-Sherry nun noch eine kurze Zeit der Ruhe, ehe er noch einmal geprüft wird, um dann seine endgültige Klassifizierung zu erhalten. In sehr seltenen Fällen entscheidet man sich erst in diesem Augenblick für das **Añada-Verfahren** zur endgültigen Reife, bei dem der Wein in seinem jeweiligen Faß sich selbst überlassen bleibt und die ihm zugestandenen Jahre ohne jeden menschlichen Eingriff ruhen und alt werden kann. In den rund zwei Dutzend verschiedener Bodegas, die ich während mehrerer Besuche in Jerez und Sanlucar de Barrameda kennenlernen durfte, ist es mir nicht ein einziges

Mal gelungen, einen Añada-Sherry zu probieren. Deutliches Zeichen dafür, wie wenig dieses Verfahren noch praktiziert wird.

Sehen wir dem Capataz noch ein wenig über die Schulter, während er in langen Jahren dafür sorgt, daß wir einen Sherry bekommen, der ganz und gar dem Charakter entspricht, durch den die Bodega als Unternehmen bekannt ist. Jeder große Sherry-Hersteller produziert bestimmte Sherry-Typen innerhalb der fünf, sechs Sorten; die Spanier sprechen von „Stil".

Die Auswahl für unterschiedliche Sorten wurde also getroffen, die zur Essigbereitung oder zum Destillieren bestimmten minderen Qualitäten wurden ausgesondert. Der junge Sherry hat ein Alter von ungefähr einehalb bis zwei Jahren erreicht und sitzt nun ganz oben im Solera-System. Auf seinem langen Weg bis hinunter zur Basisreihe der Fässer, was drei bis vier, manchmal aber auch zehn bis zwölf Jahre dauern kann, wird er nicht nur mit dem jeweils unter ihm lagernden älteren Sherry gemischt, er nimmt auch jeweils dessen Charakter an – er wird, wie die Fachleute sagen, erzogen. Ganz erstaunlich ist es, wie geringe Mengen eines alten Sherrys das vielfache Quantum jüngeren Weins verändern und veredeln können.

Spätestens jetzt wird es Zeit, daß wir uns mit den vier Haupttypen des Sherry etwas auseinandersetzen.

Fino Nach der deutschen Bedeutung für „fino" ist dieser Sherry besonders „fein" in

Die Farbe des Fino ist hell, strohgelb

seiner Art, trocken und herb im Aroma mit normalerweise nur geringer Säure. Der Alkoholgehalt liegt bei 17,5 Prozent, seine Farbe ist strohgelb bis hellgolden und blaßblank. Der Fino hat sich als solcher schon frühzeitig zu erkennen gegeben, indem sich in der zweiten Hälfte der Gärung in den Fässern der Flor, eine Oberflächenhefe gebildet hat. Diese Hefe ist nur in Jerez und Umgebung zu Hause, wird durch die Luft übertragen und entwickelt sich zweimal im Jahr, im Frühjahr und im Herbst. Hat sie sich erst einmal angesiedelt und findet im Faß genügend Luft zum Wachsen vor (deshalb werden die Fässer, wie bereits gesagt, nur bis maximal drei Viertel gefüllt), überzieht sie den Wein mit einer weißlichen, dicken Haut, die einer Sahneschicht ähnelt, und schützt ihn vor allen anderen wilden Hefen und Bakterien. Der Flor schmeckt und riecht angenehm nach frischgebackenem Brot. Selbst unter dem Flor aber kann sich Sherry – der sich als Fino entpuppt hat – herausragend oder auch weniger gut entwickeln; er macht auch jetzt wieder, was er will. Deshalb sind immer einige Finos in der Bodega, die am Ende ihrer Reife nicht in Flaschen gefüllt werden, vielmehr für andere Verschnitte herhalten müssen.

Amontillado Diese Sherry-Sorte, eng verwandt mit dem Fino, bekam ihren Namen von der Stadt **Montilla,** wo er vor einigen hundert Jahren allein hergestellt wurde. Amontillado ist in der Regel etwas dunkler als Fino, gleicht farblich

Die Farbe des Amontillado ist etwas dunkler als die des Finos und erinnert an Bernstein

dem Bernstein und ist schwerer, was ihn ausgesprochen vollmundig macht. Geschmacklich bringt er ein leichtes Haselnuß-Aroma mit, was ihm viele Freunde zuführte. In Spanien kommt Amontillado häufig so trocken wie Fino auf den Markt, während er für den Export mit einem kleinen Schuß PX-Wein gesüßt wird, also eher halbtrocken angeboten wird. Den volleren Geschmack verdankt er einer geringeren Florbildung im Faß, die dunklere Farbtönung einer längeren Lagerung. Der Alkoholgehalt, meist 16 bis 18 Prozent, kann bei sehr alten Weinen bis 24 Prozent erreichen.

Oloroso Aus dem Namen erschließt sich schon eine wichtige Eigenschaft:

Oloroso hat die Farbe von Altgold, warm und dunkel

Wohlriechend (von span. olor = Geruch, Aroma). Der Oloroso ist ohne Flor gereift, oder die Flor-Entwicklung wurde durch reinen Alkohol gestoppt. Seine Färbung geht bis zu einem warmen Dunkelgold, oft ist er etwas dickflüssiger als ein Fino, und sein stark ausgeprägtes Bukett macht ihn zu einem der besten Sherrys überhaupt. Sein markanter Charakter ist nicht zuletzt durch einen Alkoholgehalt von bis zu 21 Volumenprozenten bestimmt. Von Natur aus ist ein Oloroso immer trocken (in Spanien als **Oloroso seco** bekannt und beliebt), nur in den Hauptexportländern England, den Niederlanden und Deutschland wird er zumeist gesüßt angeboten, was sein deutliches Nuß-Aroma jedoch nicht beeinträchtigt.

Cream Im Grunde ist Cream keine natürliche Sherry-Sorte, vielmehr in den allermeisten Fällen ein kräftiger Oloroso, der mit dem süßen Pedro-Ximenez-Wein etwas, gewöhnlich aber stark gesüßt wird, wodurch er sich vor allem bei den Damen ungeheuer eingeschmeichelt hat. Interessant ist, daß im Sherry-Gebiet selbst Cream-Sherry fast ausschließlich nur für Touristen angeboten wird; andalusische Kenner wenden sich oft mit Entsetzen ab. Der Kunde im Ausland aber ist der König, also wird der Cream hergestellt.

Wenn ich auch vorhin nur von den vier Haupttypen des Sherry gesprochen habe, kann diese Aussage doch noch erheblich differenziert werden. Schließlich ist ein

Der klassische Cream ist noch dunkler als der Oloroso, er spielt von rotbraun bis tiefbraun

Cream-Sherry nur durch menschliche Eingriffe zu dem geworden, was er ist. Gemeint sind mit den vier die am meisten verkauften Sherrys. Alle aber sind irgendwie mit dem Fino oder dem Oloroso verwandt. Auch die ganze Reihe anderer Spielarten, die zu kennen die wahren Sherry-Experten ausmacht.

Manzanilla ist eine der wohl am häufigsten auftretenden Variationen neben den vier beschriebenen Sorten. Er ist ein echter Fino – Gourmets meinen, er sei der feinste Fino überhaupt –, der jedoch nur in den Bodegas von Sanlucar de Barrameda entsteht. **Frank Schoonmaker,** der bekannte Wein-Lexikograph, vertritt die

Ansicht, Manzanilla sei zwar „offiziell" ein Sherry, in Wirklichkeit aber ein eigenständiger Wein. **Alexis Lichine** und **Arne Krüger** sind der etwas weniger rigorosen Meinung, er sei sowohl ein Fino-Sherry als auch ein eigener Wein, was der Wahrheit wohl näherkommt. In der Tat unterscheidet sich die Bereitung des Manzanilla auch von der anderer Sherry-Sorten. Einmal werden in Sanlucar die Trauben ein bis zwei Wochen vor der allgemeinen Lese geerntet, wenn sie noch nicht richtig reif sind. Zum anderen wird darauf verzichtet, die Trauben noch in der Sonne trocknen zu lassen, was eine zusätzliche Zuckerbildung verhindert und dem Most mehr Säure erhält. Auch der Alkoholgehalt ist von Natur aus niedriger, in Spanien liegt er bei 15,5 Prozent. Uns Deutschen – und anderen Genießern in der EG – verdirbt aber eine zutiefst unverständliche EG-Richtlinie diese original-andalusische Köstlichkeit, indem sie einen Alkoholgehalt von mindestens 17,5 Prozent vorschreibt, der dem Charakter eines echten Manzanilla erheblich schadet.

Im Geschmack ist der Manzanilla extrem trocken, herb und hat ein eigenartiges, leicht salziges Aroma. Seine erfrischende Säure macht ihn zu einem außerordentlich pikanten Apéritif, den bei der entsprechenden Speisefolge während des ganzen Essens zu trinken ein ausgesprochenes Gaumenvergnügen sein kann. Der leichte Salzgeschmack wird auf die Meeresluft in Sanlucar zurückgeführt, was durchaus stimmen mag. Bewiesen ist es nicht, doch eine seltsame Erscheinung ist dafür ein gutes Indiz, ebenso wie für die enge Verwandtschaft zum Fino: Kommt nämlich ein Manzanilla aus Sanlucar in die etwa 13 Kilometer landeinwärts gelegene Stadt Jerez und findet dort in einer Bodega Platz, verschwindet das für ihn typische salzige Aroma, es entsteht ein Fino, wenn auch besonders leicht, hell und grazil. Umgekehrt verwandelt sich ein ganz normaler Fino automatisch in Manzanilla, wird er von Jerez nach Sanlucar verlegt.

Auf dem deutschen Markt sind einige Manzanillas in den Programmen der Importeure großer Sherry-Häuser. Ob der bei diesen Produkten vorhandene leichte Salzgeschmack noch auf natürliche Art und Weise entstanden ist, ist angesichts der recht empfindlichen Abhängigkeit zwischen dem Mikroklima Sanlucars und der Sherry-Typik oft bezweifelt worden. Ich habe mehrfach vergeblich versucht, Manzanilla-Experten in Sanlucar das „Geheimnis" zu entlocken, ob da nicht doch mit ein wenig Salz nachgeholfen werde. Wollen wir uns dennoch nicht zu Richtern machen und – wann immer es möglich ist – den Manzanilla an Ort und Stelle trinken, wo er garantiert echt ist: in Sanlucar de Barrameda.

Für die unter Ihnen, die es ganz genau wissen möchte, sei noch erwähnt, daß es neben dem Manzanilla in Sanlucar noch die (verschnittenen) Varianten **Manzanilla Pasada, Manzanilla Olorosa, Man-**

zanilla Fina und **Amanzanillado** gibt. Hierzulande spielen sie überhaupt keine Rolle, und auch in ihrer Heimat findet man diese Spezialitäten nicht gerade häufig.

Pale Cream Sherry ist eine Cream-Variante, die nicht aus einem Oloroso erzeugt wurde, sondern aus einem Fino, was sich in einer deutlich helleren Farbe bemerkbar macht. Auch wird er nicht mit PX-Wein gesüßt, vielmehr durch Unterbrechung der Gärung (Sie wissen ja: Hefe frißt Zucker!) oder durch Beigabe von gespritetem Traubenmost.

Palo Cortado heißt wörtlich übersetzt: „abgebrochener Stock". Ein so bezeichneter Sherry kann mal so oder auch mal ganz anders schmecken, die Meinungen gehen selbst bei den Herstellern von Bodega zu Bodega auseinander. Zumindest ist ein Palo Cortado der Beweis, daß beim Sherry so ziemlich nichts exakt vorherbestimmbar ist. Tatsache ist, daß er von der Anlage her ein Oloroso war, der sich aber ganz untypisch in Richtung Amontillado entwickelt hat, er bewegt sich zwischen einem Fino und einem Oloroso. In ihm haben sich oft der Geschmack eines Oloroso mit dem herrlichen Aroma eines Amontillado verbunden, er kommt ausschließlich sehr trocken in den Handel und ist stets sehr alt. Ein „ganz echter" Palo Cortado, so sagen die Kenner, ist nicht durch Vermischen verschiedener Sherrys entstanden und mindestens 20 Jahre alt.

Raya als Bestandteil eines Sherry-Etiketts sollten Sie auf jeden Fall zum Anlaß nehmen, diese Flasche nicht zu kaufen. Bezeichnet wird damit zwar ein dunkler Oloroso, der jedoch nicht ganz gelungen ist und deshalb kaum im Handel auftaucht. Ein solcher Sherry-Ausrutscher kann durch Färbung und Zuckerung zu einem billigen Amontillado aufgepeppt werden, was leider recht häufig geschieht. Deshalb nicht nur bei einem Raya-Sherry, auch bei billigen Amontillados: Hände weg; auch der Billigste ist seinen Preis nicht wert.

Amoroso schließlich werden Sie wohl nur in England finden. Dieser dunkle, besonders schwere und körperreiche Oloroso ist auch in Spanien unbekannt und wird nur für die britischen Inseln hergestellt.

Pedro Ximenez Bei einer kompletten Auflistung darf der Pedro-Ximenez-Wein nicht fehlen, obwohl er als eigene Sorte nur höchst sporadisch auf dem Markt auftaucht. Dieser Wein – aus nach der Lese noch einmal getrockneten Trauben – wird nach der Gärung gespritet, also mit reinem Weingeist oder Brandy versetzt, was ihn süß und alkoholreich werden läßt, dunkelbraun bis fast schwarz und richtig dickflüssig. Er ist beim Verschnitt recht dominant, weshalb er anderen Sherry-Sorten nur in kleinen Mengen beigefügt wird. Nicht zuletzt auch, weil er recht teuer kommt. Obwohl es Liebhaber für den klassischen

PX-Wein gibt (ich gehöre nicht dazu), möchte ich einen Kellermeister aus Jerez zitieren: „PX? Wer diesen Wein pur trinkt, muß mit einer abartigen Zunge ausgestattet sein!"

Culinarium

Bodegas – Sherrys – Hobbys

In den letzten 100 bis 150 Jahren ist Sherry nicht nur zu einer Art Weltmacht geworden, hat sich nicht nur die ehemals mehr weinbäuerliche Herstellung zu einer modernen Industrie gewandelt, nein, in dieser Zeit ist auch aus vielen Sherry-Familien eine Sherry-Großfamilie entstanden, die manchmal ganz richtig als „Sherry-Königstum" bezeichnet wird. Die Sherry-Genealogie, beginnend mit den heute noch großen Namen **Tio Pepe (Gonzalez Byass)** und **Domecq**, zeigt deutlich, wie immer neue Familien angeheiratet wurden, bis eine Sherry-Sippe im besten Sinn des Wortes entstand. Darin haben gut ein Drittel der heutigen Bodega-Unternehmen verwandtschaftlich ihren Platz: **Diez, Lustau, Gordon, Rivero, Williams, Osborne, Terry, Bobadilla, Ruiz-Mateos, Valdespino** und **Sandeman**.

In den wenigsten Fällen allerdings hat diese Verwandtschaft auch wirtschaftliche Auswirkungen gehabt. Die meisten Sherry-Häuser sind entweder noch selbständig oder haben sich anderweitig eingekauft bzw. einkaufen lassen. Überhaupt, so sagte mir noch vor kurzem ein Sherry-Manager, ist in den vergangenen rund zehn Jahren mehr ver- und gekauft worden als in den hundert Jahren vorher. In der Tat hält diese Unruhe immer noch an. Wer gestern noch der Größte war – an der Anzahl der verkauften Flaschen gemessen –, kann morgen schon von einem Konkurrenten überrundet werden, weil der gerade mal wieder zwei Bodegas dazugekauft hat.

Auf dem deutschen Markt äußert sich das zwar nicht direkt, doch Unruhe herrscht seit einiger Zeit auch hier, denn einzelne Hersteller wechseln die deutschen Importeure, wie auch Importhäuser hierzulande ihre Lieferanten wechseln. Um niemanden unnötig in Verwirrung zu stürzen, werde ich also nur dann die Firmen nennen, wenn einigermaßen sicher ist, daß diese Importeure auch noch morgen und übermorgen die entsprechenden Bodegas bei uns vertreten. Und auch das ist keine Garantie, denn die Lage kann sich jederzeit ändern. Aber es gibt einen guten Ausweg. Wer sich von Ihnen der Mühe nicht unterziehen möchte, einen ganz bestimmten Sherry in vielleicht mehreren Geschäften zu suchen, wendet sich am besten an folgende Adresse:

Sherry Informationsbüro, Parkallee 58, 2000 Hamburg 13, Telefon: 040/44 59 42 oder 4 10 59 73. In der Regel weiß man, welcher Importeur mit welchem Sherry-

Hersteller, also mit welcher Bodega, in der Bundesrepublik zusammenarbeitet.

Aus der Vielzahl – um nicht zu sagen „Unzahl" – der in unseren Geschäften auftauchenden Sherry-Marken habe ich zwangsläufig eine Auswahl treffen müssen, um einen Adressbuch-Umfang dieses Buches zu vermeiden. Trotz des ehrlichen Eingeständnisses, daß diese meine Auswahl natürlich auch etwas subjektiv befrachtet ist, habe ich mir Mühe gegeben und mit einigen Freunden und Kennern in vielen Probier- und Verkostungsstunden diejenigen Marken-Sherrys ausgesucht, die es meiner/unserer Meinung nach verdienen, Ihnen etwas näher vorgestellt zu werden. Seien Sie bitte nicht allzu überrascht, wenn einige Ihnen völlig unbekannte Namen auftauchen. Gehen Sie ruhig einmal das kleine Risiko ein, diesen oder jenen Sherry zu probieren; vielleicht erwartet Sie ja doch ein kleines Geschmacksabenteuer.

Ein paar Empfehlungen darf ich hier einfügen. Zum ersten sollte bei einem Preis unter 10 DM pro Flasche im Supermarktregal nicht sofort die Flucht ergriffen werden. Es gibt, wie Sie gleich erfahren werden, einige Sherrys, die viel, viel besser sind, als ihr niedriger Preis vermuten läßt. Zumindest aber kann es vernünftig sein, erst einmal nur eine Flasche zu erwerben und zuhause einer Prüfung zu unterziehen. Denn im Grunde stimmt es schon, daß ein guter Sherry nicht billig sein kann. Aber es gibt halt Ausnahmen.

Zum anderen achten Sie im Restaurant oder in der Bar am besten darauf, daß in der Getränkekarte der angebotene Sherry – meist in den drei Geschmacksrichtungen dry, medium und Cream – mit Namen genannt ist. Leider hat auch die deutsche Spitzengastronomie eine Neigung, nur einfach „Sherry" zu sagen, die Marke aber zu verschweigen. Eine Rückfrage, um welchen Sherry es sich handelt, ist stets angeraten, weil der Gast das Recht hat, für zwischen 7,50 und 15 DM einen wirklich guten Sherry zu bekommen. Hier muß leider festgestellt werden, daß sich viele Gastronomen an sogenannten Sonderangeboten ein kleines goldenes Näschen verdienen wollen, und dabei kommt dann schon auch einmal ein minderwertiger Sherry mit ins Angebot.

Schließlich nehmen Sie möglichst schnell Abschied von dem in anderen „Wein-Fällen" oft berechtigten Motto: Große und bekannte Namen müssen nicht unbedingt mit großen Qualitäten übereinstimmen. Tatsache ist, daß die Bodegas mit einem hohen Bekanntheitsgrad zumeist auch hervorragende Sherrys anbieten. Dagegen sind nicht alle Spitzenmarken auch sehr bekannt. Ich möchte den Reigen der Sherry-Marken mit den Besten der Besten beginnen. Den Spaziergang durch die Bodegas in Jerez, Sanlucar und Puerto de Santa Maria wollen wir daher gemeinsam dort beginnen, wo die herausragenden Sherrys hergestellt werden. Das Alphabet mag etwas Ordnung in den Weg bringen.

Barbadillo Mit vollem Namen hieß der Don aus Kastilien **Benigno Barbadillo y Ortigüela**, der 1821 die Bodega in Sanlucar de Barrameda gründete. Zuerst handelte er nur mit einigen sehr alten Sherrys, seine Nachkommen aber kauften Weinberge zur Sherry-Produktion. Die Bodega läuft heute noch unter demselben Namen in der fünften andalusischen Generation, die sechste wächst bereits nach.

Manuel Barbadillo, vor einigen Jahren in hohem Alter verstorben, war eine besondere Art von Poeta laureatus des Sherry, er schrieb mehrere Bücher über Sherry-Themen und viele wundervolle Gedichte und Poeme. In Andalusien ist sein Titel über Manzanilla zum Standardwerk für jeden Sherry-Experten geworden; leider hat sich zu einer deutschen Ausgabe bisher keiner seiner Erben aufraffen können. Übrigens ist seit langem ein Barbadillo Präsident des Consejo Regulador, der Behörde zum Schutz der Sherry-Ursprungsbezeichnung.

Die Produkte aus der Bodega Barbadillo sind durch die Bank ausgezeichnet. Obwohl aus dem reichhaltigen Programm nur vier Sorten bei uns angeboten werden, handelt es sich dabei um besondere Qualitäten. Ein **„Fino muy seco"** erweist sich als extrem trocken und rein im Aroma; eine Medium-Sorte ist von geradezu sensibel ausbalancierter Lieblichkeit, und der Cream ist ein sauberer Oloroso-Verschnitt mit deutlich, aber nicht aufdringlich schmeichelnder Süße. Die Krone aber gebührt dem Manzanilla, einem der typischsten überhaupt. Er mag nicht jedermanns Geschmack sein, doch wer ein Faible für trockene Sherrys hat, kann diesem herrlichen Tropfen verfallen. Zu beschreiben ist der Barbadillo-Manzanilla schwer, eigentlich überhaupt nicht – warum also sollte ich es versuchen. Den Liebhabern von halbtrockenen Amontillados wird er zu kompromißlos erscheinen, denn er macht keine Zugeständnisse; vielleicht wird ihm das Urteil einer erfahrenen Sherry-Trinkerin gerecht, die meinte, er sei „von zärtlicher Strenge". Nach einer Statistik der Sherry-Exporteure liegt der jährliche Absatz von Barbadillo bei rund 10 Millionen Litern pro Jahr.

Bobadilla Auch **Don Manuel Fernández de Bobadilla** war kein geborener Andalusier, als er die Bodega in Jerez aufbaute; er kam aus der Rioja-Region, einem anderen berühmten spanischen Weinanbaugebiet. Reichlich 100 Jahre ist es her, daß im ehemaligen Kloster der Padres Mercedarios dieses neue Unternehmen sich mit einer Bodega-Grundfläche von rund 18 000 m^2 ins Sherry-Geschäft begab. Zur damaligen Zeit ein unglaubliches Unterfangen, was nicht wenige der schon 100 oder mehr Jahre ansäs-

Edle Tropfen aus dem Hause Bobadilla

„La Capilla" von Bobadilla

sigen Firmen veranlaßte, den Mann für größenwahnsinnig zu halten. Heute nehmen die Anlagen gut 100 000 m² ein. Dazu kommen Weingärten, die hauptsächlich in den besten Albariza-Zonen liegen. So wächst ein hervorragender Palomino heran, der bei Bobadilla überdurchschnittlich lange reifen darf.

Der Fino aus diesem Hause heißt **„Don Quijote"**, hat jedoch mit dem knorrigen, alten Ritter von der traurigen Gestalt absolut nichts gemein. Ganz im Gegenteil brilliert er in der klaren Farbe eines Topas, wird von dessen Transparenz noch übertroffen. Der Geschmack ist natürlich trokken und sehr delikat, Feinschmecker bevorzugen ihn wegen seines akzentuierten Aromas. Dem Capataz – sollte er dafür verantwortlich sein – ist eine bestechende Komposition gelungen, deren Würze die Leichtigkeit überhaupt nicht beeinträchtigt.

Amontillado wird bei uns in zwei Versionen angeboten, die beide ihren ganz eigenen Reiz haben. Der **„La Capilla"**, ein

Amontillado aus den besten Soleras dieses Typs, hat ein ehrwürdiges Alter, verbunden mit der entsprechenden Kräftigkeit, was ihn vornehm macht, geeignet, in kleinen Schlucken mit geschlossenen Augen getrunken zu werden. Der Hausherr **Don José Vergara Fernandez de Bobadilla** nennt ihn einen Sherry, „der den Geist beflügelt und Erfahrung und Weisheit verrät." Die besondere Qualität kommt auch im Etikett zum Ausdruck, das nur wenige Flaschen pro Jahr verdienen. Der andere Amontillado ist medium dry, ein älterer Fino, in der Solera länger ausgebaut und deshalb ausgestattet mit dem Charakteristikum des Don Quijote, wenn auch deutlicher ausgeprägt. Ihn ziert ein feines, filigranes Bukett, das so gar nicht zu dem etwas martialischen Namen paßt, den er hat: **„Alcazar"**. Der Cream-Sherry von Bobadilla namens **„Abanico"** entsteht aus einem guten Oloroso, aufgesüßt mit Pedro-Ximenez-Wein, was ihn bei Frauen besonders beliebt macht. Trotz seiner weichen Trinkbarkeit halte ich ihn nicht für so herausragend in seiner Art, wie die anderen Sherrys aus dieser Bodega; seine Vollmundigkeit ist leicht überbetont, wodurch das Feuer etwas zu kurz gekommen ist.

Aus der Bodega Bobadilla kommt auch einer der in Spanien meistgetrunkenen Brandies, der hierzulande mehr und mehr Freunde gewinnt: **„Brandy 103"**, für einen Weinbrand ungewöhnlich hell und mit 38 Volumen-Prozent mild und anschmiegsam.

Gonzalez Byass Wir sind angelangt in einer Bodega, die rund um den Globus bekannt ist und (trotz ihrer Größe) außergewöhnliche Qualitäten anbietet. In Deutschland ist unter den Finos die Marke **„Tio Pepe"** wohl Spitzenreiter. Als der blutjunge **Manuel Maria Gonzalez Angel** 1835 den Grundstein für das heutige Unternehmen legte, gab es in Jerez de la Frontera 518 Bodegas, die zusammen knapp 14 000 Fässer Sherry exportierten. Daran war der Newcomer mit ganzen zehn Fässern beteiligt. Das sollte sich bald ändern: Drei Jahre später betrug der gesamte Export ziemlich genau 16 000 Fässer, aber Gonzalez Angel hatte daran bereits einen Anteil von gut 800 Faß. Das Wachstum war nicht zu bremsen. **Robert Blake Byass**

Etikett eines Manzanillas aus der Bodega Gonzalez Byass

PLAYBOY Culinarium

wurde als Partner aufgenommen, die Bodega erhielt ihren heutigen Namen Gonzalez Byass, schließlich war der neue Teilhaber bisher Gonzalez' Agent in England gewesen. 1868 war das Unternehmen zum größten Exporteur von Sherry aufgestiegen und erreichte nur fünf Jahre später die damals für unfaßbar gehaltene Menge von 10 500 Fässern, die ausgeführt wurden;

eine magische Grenze war überschritten. Derzeit ist Gonzalez Byass mit ungefähr 15 % an allen Sherry-Exporten beteiligt.

Bis 1853 war die Bodega nur im Export tätig, gemäß dem andalusischen Sprich-

Um 150 Jahre in die Vergangenheit fühlt sich der Besucher zurückversetzt, betritt er das Flaschen-Archiv in der Bodega Gonzalez Byass

wort: „Um Weinberge und Vieh laß' sich andere kümmern." Dann wurde ein Weinberg erworben, man wollte Pionierarbeit leisten. Die Nachkommen haben diese Philosophie weiter verfolgt mit dem Er-

Tio Pepe – meistverkaufter Sherry der Welt

gebnis, daß Gonzalez Byass heute mit reichlich 2000 Hektar Rebfläche zu den Größten zählt. Es ist den Qualitäten gut bekommen, daß damit eine lückenlose Kontrolle vom Weinberg bis in die Flasche garantiert ist.

Die Größe des Unternehmens brachte die Gründung eines eigenen Forschungs- und Entwicklungszentrums mit sich, das als das bestausgerüstete Institut dieser Art gilt, sowohl von der Technologie als auch von der Qualifikation der Mitarbeiter her.

Die Gonzalez-Byass-Bodegas verfügen über gut 415 000 m^2 eigenen Grund und Boden mit einer Lagerkapazität von 93 Millionen Litern; das entspricht über 180 000 Fässern von jeweils 500 Litern. Von den insgesamt vier Bodegas **Las Copas**, **Gran Bodega Tio Pepe**, **La Concha** und **La Constancia** ist La Concha – die Muschel – von besonderer architektonischer Bedeutung: Sie wurde 1862 von dem Franzosen **Gustave Eiffel** konstruiert, der auch für das Wahrzeichen von Paris verantwortlich zeichnet – den Eiffelturm. Aber auch die Gran Bodega Tio Pepe ist bemerkenswert, weil sie die einzige Bodega in der Sherry-Region ist, die dreistöckig erbaut wurde und für 30 000 Fässer Platz bietet. In La Constancia schließlich findet sich das „Sherry-Archiv" von Gonzalez Byass, in dem Musterflaschen aufbewahrt werden – unverändert im Originalzustand des Jahres 1835.

Wenn Sie also einmal nach Andalusien kommen – Jerez und Umgebung ist Pflicht

PLAYBOY *Culinarium*

Juan Silva – vielsprachige und immer fröhliche Seele der Gäste-Betreuung bei Gonzalez Byass; er weiß alles über „seine" Bodegas

und natürlich die Bodegas von Gonzalez Byass. **Juan Silva** wird Sie führen, das allein ist ein Vergnügen ganz besonderer Art, denn er spricht sieben Sprachen und führt Ihnen auch die berühmten Mäuse in der Bodega vor, die jeden Tag ihr Gläschen Cream-Sherry hingestellt bekommen. Natürlich mit einer kleinen Leiter, damit sie aus einer Original-Copita den süßen Nektar schlürfen können. Diese Sherry-Mäuse gibt es übrigens schon ein reichliches halbes Jahrhundert, seitdem Kellerei-Arbeiter das Füttern mit in Sherry getränktem Brot begannen. Und nun darf natürlich alles aufs Gelände, nur keine Katze!

Das in Deutschland angebotene Sortiment, klug zusammengestellt aus der Vielzahl aller Gonzalez-Byass-Sherrys und vom Importeur **Charles Hosie** in Hamburg sehr gepflegt, umfaßt neun Geschmacksrichtungen in unterschiedlicher Qualitäts- und Preisklasse. Die Standard-Sherrys können an dieser Stelle vernachlässigt werden, wenden wir uns lieber den Spitzenmarken zu, die alle hohes Lob verdienen. Allen voran plaziert sich hier der in aller Welt getrunkene und beliebte **„Fino Tio Pepe"** (Tio heißt zu deutsch Onkel, und der Name ehrt posthum den Onkel des Gründers der Bodega), eines der seltensten Beispiele, daß wirtschaftli-

Seit vielen Jahrzehnten schon lieben die Mäuse in der Bodega ihren täglichen Sherry – Cream natürlich, erreichbar über eine kleine Leiter

che Größe mit bester Qualität identisch ist. Bei uns ist er unter den Finos Marktführer, ich glaube sogar, er ist überhaupt der meistgetrunkene Sherry; viele von Ihnen werden ihn bereits kennen, weil er auch in der gehobenen Gastronomie weit verbreitet ist. Wird Tio Pepe, wie es sein sollte, gut gekühlt getrunken, beglückt er den Genießer mit all seinen Feinheiten, als da sind ein zartes, sehr gut ausgewogenes Aroma, trockener Geschmack mit feiner Herbheit und viel Frische.

Der Manzanilla von Gonzalez Byass ist von ausgeprägter Typik, sehr trocken und von heller Farbe. Ihn richtig zu würdigen, sollte, wie ich meine, gelernt werden. Ich persönlich ziehe ihn allen anderen Manzanillas vor, kann aber verstehen, wenn man sich erst an den kräftigen, vollen Körper gewöhnen muß, der seine salzige Note ziemlich betont.

Ein gefährlicher Sherry aus diesem Programm ist der **„Amontillado La Concha"**: Bernsteinfarben bis altgolden, eine Winzigkeit weniger halbtrocken als übliche Amontillados und mit einem außerordentlich delikaten Nuß-Aroma – so präsentiert er sich im Glas und gewinnt schon beim ersten Schlückchen auch die Trocken-Fans. Weil dieser Sherry zu jeder Tageszeit wie auch zu jeder Gelegenheit ausgezeichnet paßt, ist es leicht, sich an ihn zu gewöhnen, ja sich recht schnell in diese Perfektion aus Aroma, Bukett und Geschmack zu verlieben.

Neben dem lieblich-weichen Oloroso,

genannt **„Nectar"**, hebt sich auch der **„San Domingo"** als leicht gesüßter Cream von der Farbe frischen Strohs hervor. Selbst eingeschworene Liebhaber von schweren Creams unter den Damen, die einen sehr süßen Cream zimmerwarm zum Dessert bevorzugen, lassen sich von dem „San Domingo" betören, wenn er – was bei ihm tunlichst probiert werden sollte – kühl oder „on the rocks" serviert wird. Unbeschreiblich köstlich!

Aus der Bodega Gonzalez Byass stammen übrigens auch die beiden Brandies **„Soberano"**, ein milder und aromatischer Weinbrand, der in Spanien die Nummer 1 ist, und der berühmte **„Lepanto"** in einer von Hand dekorierten Karaffe. Für ihn werden nur die allerbesten Destillate verwendet, weshalb jedes Jahr nur eine be-

Spitzenbrandy aus dem Hause Gonzalez Byass

grenzte Menge dieses überdurchschnittlich lang gelagerten Brandys abgefüllt wird.

Croft Die Geschichte dieses Unternehmens geht bis ins Jahr 1678 zurück, als ein Engländer am Rande von Jerez seine ersten Geschäfte tätigte. Bald danach erwarb die Familie **Croft** die kleine Bodega und

Wie Kirchenschiffe reihen sich die Croft-Bodegas aneinander

führte sie zu erstaunlicher Größe, bis zur Jahrhundertwende die renommierten englischen Weinhändler **Walter** und **Alfred Gilbey** die Firma übernahmen und weiter zu Weltruhm entwickelten.

So weit die Sherry-Historie auch in die Vergangenheit zurückreicht, Croft hat moderne Geschichte gemacht, soweit es Sherry betrifft. Diese Bodega, in einem 300 000 m² großen Areal etwas außerhalb der Stadt, hat in den vergangenen Jahren weit über 20 Millionen DM investiert, unter anderem in eine neue Kelteranlage, die mit einer Kapazität von 20 Millionen Litern zu den höchstentwickelten Installationen dieser Art in der Sherry-Region gehört. Für die Sherry-Liebhaber rund um den Globus hat Croft etwas geschaffen, das 1970, als es auf dem Markt präsentiert wurde, Furore machte: Einen ganz neuen Sherry-Typ. Vor dem Hintergrund sich stetig wandelnder Ansprüche der Konsumenten hatten die Spezialisten von Croft herausgefunden, daß zwar nach wie vor viele Freunde für einen süßen Sherry schwärmten, die angebotenen Sorten aber oft als zu schwer beurteilt wurden. So schuf man den ersten hellen und leichten Cream-Sherry der Welt. Die bahnbrechende Entwicklung beruht auf einem ganz neuen Konzept in der Sherry-Herstellung, einer Fortführung der traditionellen Methoden mit drei grundlegenden Änderungen:

▶ die Most-Oxidation wird verringert

▶ schon der Most wird nach verschiedenen Qualitäten getrennt, und

▶ der an sich schon geringe Tannin-Gehalt wird weiter zurückgeführt.

Das Ergebnis ist der neue Sherry-Typ **„Croft Original"**, in dem sich das volle Aroma und der Geschmack des Oloroso in Vollendung mit der trockenen Frische des Fino vermählen. Ein leichter, heller Cream-Sherry mit angenehmer Fülle aber ohne die süße Schwere eines herkömmlichen Cream, von dem derzeit bereits mehr als zehn Millionen Flaschen weltweit verkauft werden. Ein für sich selbst sprechender Beweis, daß mit diesem kulinarischen

Die Croft-Parade

Kunstwerk der Geschmack vieler Menschen exakt getroffen wurde. In England als dem größten Sherry-Markt überhaupt ist der „Croft Original" (Light Cream Sherry) bereits auf Platz 2 der Sherry-Rangliste aufgerückt.

Neben diesem gibt es im deutschen Croft-Sortiment, das seit vielen Jahren vom Importhaus **Roland Marken-Import** in Bremen betreut wird, noch einen sehr leichten Fino, einen exzellenten Amontillado, halbtrocken mit geradezu graziösem Aroma, und natürlich einen echten, traditionellen Cream, dessen Name **„Croft Rich Cream"** keine Frage offenläßt: Süßer Oloroso mit vollem Geschmack und ausgesprochen reichem Aroma.

Ein noch relativ junges Produkt von Croft ist ein extrem trockener Fino, auf dem Flaschenetikett als **„Croft Delicado"** gekennzeichnet, den Kenner zu den fünf besten Finos zählen. Der Importeur konnte von Beginn der Einführung am Markt

Anfang 1986 eine erfreulich steigende Nachfrage nach diesem erstklassigen Sherry verzeichnen.

Ein Jahr später, im Januar 1987, kam schließlich der noch fehlende Amontillado „neuer Konzeption", der die klassische

Croft-Etikett des ersten Light-Cream

Sortenreihe abrundet. Dieser **„Croft Classic"** entstand aus der Verheiratung sehr alter, edler Amontillados mit ausgesuchten Olorosos – nicht zu trocken, nicht zu lieblich, eine gelungene Kreation.

Diez-Merito Der Name dieser nach Harveys und Gonzalez Byass drittgrößten Sherry-Bodega entlockt Feinschmeckern die höchsten Lobeshymnen, weil aus ganz besonderen Eichenfässern des Unternehmens ein Sherry kommt, den Kenner und selbst andere Hersteller aus Jerez als den absoluten Gipfel jeglicher Sherry-Ambition ansehen: **„Don Zoilo"**. Ich habe Sherry dieser Marke glücklicherweise erst recht spät kennen – und lieben! – gelernt. Denn wäre ich schon zu Beginn meines Sherry-Studiums mit „Don Zoilo" in Be-

DON ZOILO

SERVE CHILLED

VERY OLD
FINO
SHERRY
PRODUCE OF SPAIN
DIEZ-MERITO, S/A.
JEREZ (ESPAÑA)

Ñ.E.240-CA   RIS.30.2.542/CA

Ehre wem Ehre gebührt: „Don Zoilo"

rührung gekommen, hätte das das Ende meines Probierens und Suchens bedeuten können.

1875 gegründet, ist diese Firma noch relativ jung, aber durch Zusammenschlüsse und Kooperationen mit anderen Bodegas schnell zur heutigen Bedeutung angewachsen. Von jeher versuchten die

Kellermeister-Künstler und Manager von Diez-Merito die Qualität ihrer Sherrys immer mehr zu verbessern, immer perfektere Kompositionen herzustellen, was im Endeffekt zu großem Vertrauen der Abnehmer in vielen Ländern führte und das Unternehmen gut verdienen ließ.

Vielleicht aber liegt es auch daran, daß die Gründerfamilie aus Bankiers bestand, aus **„Diez Hermanos"** – zu deutsch „Zehn Brüder" (so hieß die Firma ursprünglich auch). Über diese zehn Brüder kursiert in Jerez eine höchst amüsante Geschichte, die auch der den Jerezanern nachgesagten liebenswerten Schlitzohrigkeit entspricht. Als nämlich einer der Brüder starb, war es klar, daß eine uralte Tradition beachtet wurde und dem Verschiedenen eine Geldsumme ins Grab gelegt wurde, die als Wegzehrung in die andere Welt dienen sollte. Die Familie war reich, also kam man überein, jeder Bruder sollte 100 000 Peseten im Sarg deponieren, auf daß der Tote keine Not zu leiden habe. Beschlossen und in die Tat umgesetzt. Jeder Bruder legte seinen Obulus in den Sarg. Endlich kam der jüngste als letzter Spender an die Reihe, entnahm ohne Kommentar die 800 000 Peseten, steckte sie in die Tasche und legte dem toten Bruder einen Scheck über 900 000 Peseten unter die gefalteten Hände. Sei es nun Tatsache oder nur eine hübsche Geschichte – die Geschäftstüchtigkeit der damaligen Inhaber erwuchs dem Haus zum Segen. Bis heute hat sich daran nichts geändert.

PLAYBOY Culinarium

Als Hobby pflegen die jetzigen Besitzer das Sammeln alter Uhren. Von Sammeln kann dabei aber kaum mehr gesprochen werden, denn immerhin ist inzwischen eines der bedeutendsten Uhren-Museen

Prunkstück im Uhren-Museum von Diez-Merito, dem schönsten in Spanien

Europas zusammengekommen. Mehr als 300 alte und uralte Stücke erwarten den Besucher in einem wunderschönen Haus inmitten großzügiger Parkanlagen, die jeder Urlauber oder Geschäftsreisende gesehen haben muß.

Kehren wir noch einmal zurück zu Sherry „Don Zoilo". Eine Beschreibung versuche ich gar nicht erst, gemäß der Feststellung eines englischen Gourmets, daß sich eben die Sprache doch manchmal als zu arm und etwas hilflos erweise. So viel aber will ich verraten: Der Genuß von „Don Zoilo" ist ein Erlebnis, das weit über Trinken hinausreicht, das denen, die ihn zum ersten Mal kosten, so etwas wie eine neue

Sieben Copitas in einer Hand – der Venenciador in der „Don Zoilo"-Bodega vergießt nicht einen Tropfen

Dimension erschließt. Zugegeben, das klingt ein wenig bombastisch, aber es kommt der Realität dieses Sherrys nahe. „Don Zoilo" muß man sich ertrinken, man muß sich ihm ganz hingeben und dabei alle Sinne weit öffnen.

PLAYBOY Culinarium

Importiert wird er sowohl von **Borco** in Hamburg als auch von den **Mövenpick**-Kellereien in Stuttgart. Schon das Mövenpick-Engagement ist ein Indiz für herausragende Qualität. Natürlich ist dieser Sherry nicht gerade billig, doch selbst einem Preis von über 20 DM pro Flasche, der in exklusiven Feinkostgeschäften schon mal verlangt wird, wird er mehr als gerecht. Experten ist keine kompetente Verkostung oder Prämierung in den letzten zehn Jahren bekannt, wo „Don Zoilo"

Viermal „Don Zoilo"

nicht mit mehr oder weniger Abstand die Spitzenposition eingenommen hätte. Bei der vor einiger Zeit durchgeführten „Sherry-Olympiade" des Gourmet-Magazins „Falstaff" lautete das Endurteil: Von 46 Sherrys erhielten sechs die Note „hervorragend", darunter die drei Sorten von „Don Zoilo". Meine Empfehlung: Probieren Sie diesen wahrhaft großen Sherry, aber nicht zwischen Tür und Angel; nehmen Sie sich Zeit, abseits aller Aufregung und streßfrei, am besten in angenehmer Gesellschaft bei Musik von Vivaldi.

Keinesfalls darf vergessen werden, daß aus demselben Hause auch der wohlbekannte Brandy **„Gran Duque d'Alba"** kommt, ein Weinbrand, der wie Sherry im Solera-Verfahren heranreift und in seiner optimalen Qualität so ziemlich alle seine Konkurrenten hinter sich läßt.

Domecq Wiederum ein großer Name in der Sherry-Szene, der aus alter Zeit stammt. **Pierre de Domecq Lembeye**, aus altem französischen Adel, kam 1816 aus London nach Cádiz in die Nähe von Jerez. Er kaufte eine Bodega, die bereits seit 1730 bestand, änderte seinen Vornamen Pierre in Pedro und stellte fortan

Domecq-Spitzenqualitäten

vorzügliche Sherrys her, was sich bis heute nicht geändert hat.

Voraussetzung dafür war die Beruhigung der oft recht turbulenten Geschichte der Bodega unter ihren bisherigen Inhabern. Gegründet hat das Haus ein irischer Unternehmer, **Patrick Murphy**, der Sherry aus Trauben außerhalb des heutigen geschützten Anbaugebietes herstellte. Als er starb, übernahm sein Teilhaber und Freund **Jean Hauri** die Weinkelterei und ließ sie von seinem Neffen **Jean Charles Hauri** führen. Als Franzose unterstützte er 1808 die französischen Invasoren, die mit Napoleon nach Spanien kamen, was ihm das Privileg einbrachte, Wein an die Armee Napoleons liefern zu dürfen. Leider – oder gerechterweise – hatte er doppeltes Pech. Nicht nur, daß er niemals Geld für seine Lieferungen bekam, er konnte auch nur mit Mühe und Not der Hinrichtung entgehen, als sich das Blatt wendete und die Franzosen Spanien wieder verlassen mußten. Das Unternehmen stand unmittelbar vor dem Bankrott, und **Pierre Domecq,** ein Neffe des „Kollaborateurs" Jean Charles Haurie, kam gerade zur rechten Zeit, um das Ärgste zu verhüten.

„Domecq oblige" heißt die Devise im Domecqschen Familienwappen, Domecq verpflichtet. Und so hält man's noch in unseren Tagen, denn Domecq und Qualität sind Synonyme. Unter dem Markennamen **„Pedro"** sind drei Sorten Domecq-Sherry in Deutschland erhältlich, ein Pale Dry Fino, ein Nutty (nussiger) Amontillado medium dry sowie ein Mellow Rich Cream. Alle drei entsprechen dem Wappenspruch des Hauses, erweisen sich als hervorragende Sherrys. Doch da ist noch ein Produkt, ein Very Pale Dry Fino mit Namen **„La Ina"**, der auf unserem Foto auf Seite 109 ganz zu Unrecht etwas zurückgesetzt ist. „La Ina" ist vielleicht der Fino Sherry, der dem „Don Zoilo" am nächsten kommt. Alle Merkmale eines ungewöhnlich guten Sherrys treffen in diesem Fino in grandioser Vollkommenheit zusammen, was sich auf der Zunge als „harmonische Melodie" darstellt; so zumindest formulierte es der Sommelier des Londoner „Claridge's" einmal.

Aus dem Unternehmen Pedro Domecq stammt auch ein anderes Sortiment, was

Ein Teil der Domecq-Bodega ist das „Gästebuch"

bei Kennern weitgehend unbekannt ist, weil es hierzulande – leider! – fast ausschließlich über Discount-Großmärkte und Billigläden verkauft wird: **Sherry Churruca.** Eigentlich werden diese Sherrys in der Bodega **Hijos de A. Blázques** hergestellt, das Unternehmen aber gehört zur Domecq-Gruppe. Die Churruca-Sorten entsprechen überhaupt nicht der ansonsten geltenden Regel „Guter Sherry kann nicht billig sein". Ich bin durch

„Sherry Churruca" aus dem Hause Domecq

blanken Zufall darauf gestoßen und muß sagen, daß die Qualität aller angebotenen Sorten einen doppelten Preis, wenn nicht mehr, durchaus verdienen würde. Selbst dann könnte noch nicht von einem teuren

Sherry gesprochen werden. Eigentlich schade, denn wer normalerweise einen Sherry für unter 5 DM trinkt, gehört nicht zwangsläufig zu einer Gruppe Genießer, die eine gute von einer Standard-Qualität zu unterscheiden vermögen.

Liebhaber von spanischen Brandys kennen sicher die Marken **„Carlos I"**, **„Carlos III"** und **„Fundador"**. Sie alle kommen ebenfalls von Domecq, das Unternehmen hält weltweit einen der ersten drei Plätze im Brandy-Markt besetzt. Die Krone dieser Weinbrände allerdings gebührt dem **„Brandy Marques de Domecq"**, der in Deutschland eine treue Anhänger-Gemeinde hat.

Harveys Um die Mitte des 16. Jahrhunderts, so sagen die Historiker, kam der erste Sherry nach England. Bristol war die Stadt, in deren Hafen die Schiffe aus Spanien anlegten und ihre Wein-Fässer entluden, weshalb seinerzeit die Weine aus Jerez bald in ganz England als **„Bristol Milk"** bezeichnet wurden. Daraus darf geschlossen werden, daß es sich wohl um eine Art Cream, also dunkleren, süßen Sherry gehandelt hat. Und in Bristol saßen die **Harveys** mit ihrer 1796 gegründeten Weinhandlung, die anfangs recht klein und bescheiden war; nicht alle Familienmitglieder konnten davon leben. Einige fuhren zur See. Etwa zur selben Zeit begann **William Perry** mit ebenfalls einem Weingeschäft. Es konnte nicht ausbleiben, daß beide Firmen sich ins Gehege kamen. Das

Die drei Harveys-Sorten

verlief jedoch höchst harmonisch, sozusagen unter Amors Führung. Perry war sehr erfolgreich und nahm sich 1815 einen Bäckerssohn – **Thomas Urch** – als Teilhaber. Schärfster Rivale der neu installierten Firma **Perry & Co.** war ein Eigner von Handelsschiffen namens **John Maxse**, der kein Seemann war und sich vollkommen auf zwei erfahrene Kapitäne verließ, die seine in Spanien gekauften Weine gut nach Bristol bringen sollten. Beide hießen **Thomas Harvey** und waren Vater und Sohn. Es kam, wie es kommen mußte: Thomas, der Jüngere, heiratete Anne, die Schwester von Thomas Urch, und der erste Sohn aus dieser Ehe war der erste **John Harvey**. Sein Onkel lehrte ihn alle Geheimnisse eines erfolgreichen Weingeschäfts, und 1872 bekam die Firma endlich den Namen, den sie längst verdiente: **John Harvey & Sons.** Bis 1958 blieb die Firma ein Familienunternehmen, dann kam die Umwandlung in eine Aktiengesellschaft. Heute gehört Harveys mit 200 Millionen

DM Jahresumsatz zum Großkonzern **Allied Lyons**, ist ein Teil des Imperiums aus Brauereien, Wein- und Spirituosen Produktionen und etlichen Nahrungsmittel-Firmen geworden, das jährlich runde zehn Milliarden Mark Umsatz macht.

Harveys in Jerez hat in den vergangenen Jahren alles an Bodegas gekauft, was zu haben war, als da sind die Bodega **Palomino y Vergara,** das große Sherry-Haus **Terry** und eine Beteiligung an **Barbadillo** von 10%. Über Harveys Bekanntheitsgrad in den mehr als 100 Ländern, in die Sherry exportiert wird, muß nicht geredet werden. Wer schon den Namen Harveys nicht oder nicht besonders gut kennt, dem ist zumindest der Begriff **„Bristol Cream"** geläufig.

Auch über die Qualitäten von Harveys-Sherrys ist absolut nichts zu sagen, sie nehmen traditionell einen guten Platz unter den zehn besten Marken ein. Das von der Firma betriebene, sicherlich strategisch stark von der Konzernmutter beeinflußte Marketing hat in den letzten beiden Dezennien ohne Zweifel Erfolg an Erfolg gereiht – wirtschaftlich gesehen. Es ist aber nun einmal so, daß Epikureer überall in der Welt sich in der Masse nicht unbedingt wohlfühlen. Aus diesem Grund ist der exklusive Feinschmecker geneigt, „Masse statt Klasse" zu vermuten und sich kleineren Sherrys – von der Menge her gesehen – zuzuwenden. Zu viele Beispiele lehren, daß eine Politik des Überall-dabeisein-Wollens letztlich irgendwann an die Substanz der Güte geht. Bei Harveys ist das sicher nicht der Fall, zumindest bis jetzt noch nicht und wohl auch nicht in absehbarer Zukunft, denn im Frühjahr 1987 hat Harveys den langjährigen deutschen Generalimporteur ausgebootet und sich einen anderen gesucht, die **UNI-Handelsgesellschaft** in Saarbrücken, dabei gleich eine 25%ige Beteiligung an der Firma erworben.

Die drei Harveys-Sorten **„Bristol Cream"** (der Bedeutung wegen wird der Süße stets zuerst genannt!), **„Bristol Medium Dry"** und **„Bristol Fino"** sind hervorragende Sherrys in der jeweiligen Kategorie, obgleich sie nach dem Urteil erfahrener Kenner eher am Ende der Zehner-Spitzengruppe einzustufen sind. Jedenfalls ist die Bodega mit knapp 21 Millionen verkauften Litern mengenmäßig die Nr. 1.

Als ich 1985 mit Harveys-Direktor **López de Carrizosa** sprach, erzählte er mir, daß die englische Zentrale ihn beauftragt habe, einen Sherry „für junge Leute" zu entwickeln, einen Sherry, der nach britischer Meinung so geblendet, also verschnitten sein müsse, daß er sich mit Tonic Water, Limonade oder Sodawasser mixen ließe. Mein Unbehagen wandelte sich in zustimmendes Amüsement, als ich deutlich ein leichtes Schütteln wahrnahm, das diesem alten „Sherry-Hasen" dabei durch den Körper lief. „Es ist entsetzlich," sagte er, „doch wenn der Markt es verlangt – bitte!" Zum großen Glück ist uns Deutschen dieser schlimme Trank bisher erspart geblieben. Der **„Tico"** genannte

Mixer-Sherry wird zwar von Harveys hergestellt, aber nicht nach Deutschland exportiert.

Angesichts derartiger Abenteuer lob' ich mir die Selbstbeschränkung so manchen Sherry-Herstellers, der nicht von jedem Kuchen ein Stück abschneiden will, sich dafür aber fanatisch der Qualität seiner Produkte widmet. Ausschließlich. Dann kann auch der gute Name keinen Schaden leiden. Das Haus Harveys hat übrigens auch ein Hobby, vielleicht etwas abwegig für eine Sherry-Bodega, doch der Aufmerksamkeitswert bei den Touristen ist erheblich: Man züchtet Alligatoren.

Sandeman Georg Sandeman, aus uraltem schottischen Geschlecht stammend, legte den Grundstein für das Unternehmen 1790 in London. Mit 300 von seinem Großvater geliehenen Pfund eröffnete er einen Weinkeller und ahnte nicht, daß aus diesem bescheidenen Anfang eine Weltfirma entstehen würde. Bereits zwei Jahre später war er der Repräsentant der Sherry-Firma **James Duff**, Cádiz, für ganz England und machte gute Geschäfte mit Portweinen, die er unter seinem Namen verkaufte. 1809 siedelte sich einer seiner ins Geschäft aufgenommenen Partner in Cádiz an und verschiffte nun auch Sherry als **„Sandeman Sherry"** nach den britischen Inseln. Er und seine Nachkommen müssen ein glückliches Händchen gehabt haben, fuhr doch schon 1865 ein Segelschoner als Firmenschiff den Wein aus Jerez und Oporto nach England. Heute verkauft Sandeman jährlich gut acht Millionen Liter Sherry der Spitzenklasse. Unter dem Zeichen des **„Don"**, dem schwarzgewandeten Mann mit spanischem Hut als Symbol für das Geheimnisvolle und Mysteriöse (so erklärt man bei Sandeman das Markenzeichen), haben sich die Sherry-Sorten dieser Bodega 120 Länder dieser Welt erobert. Man besitzt einen Bestand an sehr alten Sherrys, in dem sich Fässer befinden, deren Inhalt aus Ernten der Jahre um 1915 noch immer darauf warten, zu Spezialitäten ganz besonderer Art verschnitten zu werden.

Bei uns liegen Import und Vertrieb in der Verantwortung von **Seagram Deutschland**, das angebotene Sortiment umfaßt den **„Seco Dry Fino"** von bestechender Fein- und Reinheit im Ge-

Sandeman-Sorten unter dem Zeichen des „Don"

schmack, einen halbtrockenen Amontillado sowie einen ebenfalls halbtrockenen Amoroso, der **„Charakter"** heißt. Jede renommierte Bodega muß einen Cream im Programm haben, also auch Sandeman: **„Cream Sherry Oloroso"** steht einfach und schlicht auf dem Etikett. Cream-Liebhaber meinen, der allerbeste unter den Creams aus Jerez sei er nicht. Ich habe direkt in der Bodega den bei uns nicht angebotenen Pale Cream Sherry, einen hellen Oloroso, getrunken und finde es eigentlich bedauerlich, daß diese Sorte nicht zum Sortiment für die bundesdeutschen Genießer gehört.

Trösten wir uns über diese kleine Lücke, indem der **„Don Fino"** von Sandeman mit dem Prädikat Superior Dry uns wieder versöhnt. Ein Fino der Superklasse, ein Sherry, auf den ganz besonders zutrifft, was in der Werbung gesagt wird: Der Gentleman unter den Sherrys.

Das Sandeman-Sortiment enthält jedoch noch eine Steigerung, ganz oben auf der qualitativen Leiter steht das Raritäten-Kabinett, aus dem – leider, leider! – nur eine Sorte den Weg zu uns findet. Dieser **„Royal Esmeralda"**, ein Amontillado der allerfeinsten Art, aus einer Solera von – bitte festhalten! – 1899. Wenn Sie jetzt sagen, das gibt es nicht, irren Sie. Ich habe diese Solera mit eigenen Augen gesehen und habe aus dem untersten Faß einen Schluck probieren dürfen. Ich sage Ihnen, auch vor dem Versand-Blending ist dieser Sherry eine Offenbarung. Wie bei dem

Fino „Don Zoilo" habe ich einige Schwierigkeiten, den „Royal Esmeralda" zu beschreiben, der bei uns zu kaufen ist. Halbtrocken und von feiner, graziler Feuchtigkeit, bringt er eine vollkommene Rundung auf die Zunge, ohne jegliche Ecken oder Kanten, so daß sich unmittelbar ein herrliches Verliebtsein in diesen Sherry einstellt. Die 21 Alkohol-Prozente sind zwar spürbar, doch merkwürdigerweise vermitteln sie nicht die Schwere, die man anzunehmen geneigt ist.

Natürlich werden die Fässer einer derart kostbaren Solera ganz besonders gepflegt und behütet, ein „normaler" Verschnitt kommt hier überhaupt nicht in Frage. Die vorsichtige und kunstvolle Verheiratung des Sherry aus dem ältesten Faß mit einem jüngeren kann deshalb auch nicht beliebig oft wiederholt werden, was nicht nur die Menge limitiert, sondern auch von Jahr zu Jahr kleine Unterschiede in Aroma, Bukett und Geschmack bringen kann.

In der Sandeman-Bodega lagern noch ältere Sherry-Veteranen anderer Sorten, etwa eine Oloroso-Solera von 1897 (für **„Royal Corregidor"**), eine zweite Oloroso-Solera aus 1895 und eine Solera aus 1897, von der jedes Jahr eine geringe Anzahl Flaschen eines **„Finest Palo Cortado"** hergestellt wird. Sollte Sie der Weg jemals nach Jerez führen, versuchen Sie, diese Raritäten zu bekommen; der deutsche Zoll verlangt schließlich nur um die zwei DM Gebühr pro Flasche.

Williams & Humbert

Als **Alexander Williams** in England seine Herzallerliebste **Amy Humbert** geheiratet hatte, gingen beide zurück nach Jerez, wo der junge Williams als kaufmännischer Leiter einer Sherry-Firma tätig war. Wenig später – 1877 – gab er seinen Job auf, denn seine Vorgesetzten sahen seine Aufstiegsmöglichkeiten weit weniger rosig, als der junge Ehemann und Vater es sich vorstellte. Wieder in London, versuchte er Schwiegervater **Humbert** und Schwager **Richard Taylor** zur Gründung eines eigenen Unternehmens zu gewinnen. Er gewann, das heutige Haus **Williams & Humbert** wurde in London und Jerez gleichzeitig etabliert, wenn es auch noch nicht so hieß.

Bis 1972 war die Bodega Familien-Besitz, dann übernahm der **Rumasa**-Konzern, ein Getränkeriese mit seinen Fingern in allen möglichen Branchen,

Sortiment Williams & Humbert

durch einen Börsencoup das Unternehmen. Für Williams & Humbert als Firma war das nicht schlecht, denn die gewaltige Finanzkraft des neuen Eigentümers ermöglichte den Zukauf neuer Rebflächen in bester Lage, und auf jetzt knapp 500 Hektar (gegenüber 130 Hektar vorher) konnten 1,5 Millionen neuer Rebstöcke gepflanzt werden. Zwangsläufig mußte bald die Lagerkapazität erweitert werden und eine neue Abfüllanlage entstand.

Als Rumasa einen höchst dubiosen Zusammenbruch erlitt (vielleicht erinnern Sie sich: Der oberste Boß saß in Frankfurt am Main lange in Haft), übernahm der spanische Staat u.a. alle zum Konzern gehörenden Bodegas und privatisierte sie nach und nach wieder. Diese wirtschaftlich sicher nicht sehr erfreulichen Turbulenzen schadeten weder dem Namen Williams & Humbert noch den längst Weltgeltung genießenden Qualitäten des W & H-Sherrys.

Der Mitgründer und sein Schwiegervater produzierten zuerst alle gängigen Sherry-Sorten, bis die Kreation des völlig neuen Medium Dry Sherry gelang, der vor allem in England mit Begeisterung aufgenommen wurde. 1906 gelang dem Unternehmen der große Wurf: Die Marke **"Dry Sack"**, einer der trockensten Finos seiner Zeit, entstand und sicherte dem Haus, das längst in Nord-, Mittel- und Südamerika ebenso blendende Geschäfte machte wie in England und Holland, den hervorragenden Ruf, den es noch heute genießt.

Williams-Sohn **Charles** muß ein fähiger Marketing-Fachmann gewesen sein, denn seine berühmt gewordene **„Sherry-Party in London"** erwies sich im damals mondänen und etwas gelangweilten London als absoluter Knüller. „Dry Sack" als Aufhänger dieses Spektakels machte daraufhin seinen Weg geradezu mühelos weit über Europas Grenzen hinaus. Heute ist diese Marke aus der Sherry-Szene in über 90 Ländern nicht mehr wegzudenken.

Dabei war der Markenname „Dry Sack" nicht einmal eine Erfindung der Hersteller. Man nannte ihn in England einfach so in Anlehnung an die aus den Anfängen des Sherry-Exports auf die britischen Inseln stammende Verpackung: Die Sherry-Fässer kamen in Säcke eingenäht an, weshalb sich der Allgemein-Begriff „Sack" einbürgerte. Als nun ein so extrem trockener Sherry auftauchte, hieß er schnell „Dry-Sack". Womit auch erklärt wäre, warum diese Sherry-Sorte heute in einem kleinen Jute- oder Hanfsäckchen verpackt angeboten wird – ein unverwechselbares Kennzeichen für jede einzelne Flasche. Unverkennbar verbunden mit den Sherrys aus der Bodega von Williams & Humbert ist auch das **„Sherry-Girl"**, das jedes Flaschenetikett ziert, geschaffen von dem bekannten Genremaler **William Powell Frith.**

Das von **Epikur/Deinhard** in Koblenz importierte Sortiment der Williams & Humbert-Sorten setzt sich aus den drei besten Produkten zusammen, als da sind der **„Pando"** – ein Very Dry Fino –, der bereits erwähnte „Dry Sack" im Säckchen, heute als Medium Sherry eingestuft, sowie der von Damen heiß geliebte **„Canasta Cream"**, ein alter süßer Oloroso.

Den nach Meinung vieler Gourmets allerbesten Sherry aus den Bodegas von Williams & Humbert gibt's jedoch – auch zu meinem größten Bedauern – bei uns nicht zu kaufen, den **„Dos Cortados"**, einen wahrhaft königlichen trockenen Oloroso. Bei aller Legitimität von gewissen Übertreibungen in der Werbung entspricht die Zeile auf dem Etikett „A Wine for Kings" den Tatsachen. Bleibt zu hoffen, daß sich Hersteller und Importeur bald darauf einigen, diese Köstlichkeit den deutschen Genießern nicht länger vorzuenthalten. Die angebotenen drei Sorten werden uns bis dahin trösten. Sie entsprechen nämlich in ihrer Güte durchaus auch der seltenen Tatsache, daß große Marktbedeutung in der Menge durchaus mit bester Qualität Hand in Hand gehen kann.

Der „Pando" ist sehr trocken und glänzt wohl von allen gleichartigen Sherrys am meisten mit einem deutlichen Mandelaroma voller Frische. Sein Name stammt übrigens von der einst berühmten Schiffahrtslinie **„Peninsula and Orient Line"** - abgekürzt „P and O" genannt –, für deren Ozeanriesen der „Pando" einmal exklusiv abgefüllt wurde.

Der „Canasta Cream" – gleichfalls ein Sherry herausragender Klasse aus sehr altem Oloroso, aufgesüßt mit Pedro-

Ximenez-Wein – hat seinen Namen vom traditionellen Erntekorb der Weinbergarbeiter in Andalusien, dem **Canasta.** Um mit dem Produkt gleichzeitig etwas aus dem Sherry-Leben zu vermitteln, ist jede Flasche deshalb in einem nachempfundenen Körbchen verpackt.

Kommen Sie einmal nach Jerez, darf ein Besuch der Bodega von Williams & Humbert im Programm keinesfalls fehlen. Das Unternehmen hat eine sehenswerte Kutschen-Sammlung und betreibt Pferdezucht mit weit über Spanien hinaus reichendem Erfolg. Das Sherry-Erlebnis aber ist ein Rundgang durch die Bodega mit angegliedertem Wein-Museum. Die Ursprünge reichen zurück bis ins Jahr 1820, als Mr. Williams ein Faß Sherry für seinen eben geborenen Sohn aufbewahren wollte. Seitdem wird jedes Jahr ein Faß mit gutem Sherry ins Museum gestellt. Ich hatte das große Glück, mit **Antonio Zarzana,** einem der geschicktesten Venenziadores in Jerez, dieses Museum zu besichtigen und auch einmal einen „wönzigen Schlock" Sherry aus einem sehr alten Faß probieren zu dürfen. Unverschnittene Anada-Weine mit mehr als 35 bis 40 Jahren auf dem Buckel sind ein wundervolles Schnüffel-Erlebnis, ihr Duft ist umwerfend, doch trinkbar sind sie nicht.

Nicht vergessen werden darf eine kleine Hommage an den schlicht **„Brandy Sack"** getauften Weinbrand von W & H, der nur in streng begrenzter Menge hergestellt und abgefüllt wird, ebenfalls nicht auf

Top-Brandy von W & H (r.) und Osborne

dem deutschen Markt erhältlich, selbst in den Läden von Jerez nur selten zu finden. Wie mir Antonio erzählte, ist er aus Spielerei entstanden, ursprünglich nur für Gäste und Mitarbeiter des Hauses gedacht. Jetzt wird er in der kleinen Boutique der Bodega verkauft zu einem Preis, der nur lächerlich genannt werden kann. Dort getrunken – und es fällt nicht schwer, sich vorzustellen, wie schwer mein Koffer bei der Heimreise war. In alten Eichenfässern, in denen Jahrzehnte Sherry reifte, sehr lange gelagert, ist dieser Brandy in der Lage, auch gegen große Cognacs anzutreten, ohne Angst haben zu müssen, geschmacklich zu verlieren.

Emilio Lustau In keine wie auch immer geartete Kategorie paßt Emilio Lustau in Jerez de la Frontera, wo das Unternehmen, 1895 gegründet, eine Bodega besitzt, in deren Außenmauern Partien der alten maurischen Stadtmauer, die auf römischen Fundamenten ruht, integriert sind. Eine große moderne Bodega wurde etwas außerhalb der Stadt gebaut. Lustau ist seit Beginn des Sherry-Geschäftes auf die Herstellung von Exklusiv-Ausstattungen spezialisiert. Die bedeutendsten Sherry-Käufer in vielen Ländern lassen sich ihr eigenes Programm unter eigenem Namen mit entsprechenden Etiketten liefern.

Emilio Lustau ist auch heute noch ein völlig unabhängiges Familienunternehmen und nimmt auf der Liste der Lieferanten für den Weltmarkt die Position fünf ein. Die Bodegas arbeiten mit einem Sherry-Lager von mehr als 20 000 Fässern mit ausgefallenen Qualitäten.

Die vom Import-Haus **Rudolf Prehn** in Hamburg bei uns angebotenen „normalen Lustau-Sherrys" sind ein Manzanilla, ein Fino sowie je ein Amontillado und Cream. Jede Sorte für sich rangiert in der oberen Spitzenklasse. Doch nicht diese Sorten sind es, wegen denen die begnadeten Kellermeister und ihre Mitarbeiter berühmt sind. Zwei Spezial-Offerten sind es, die weltweites Aufsehen erregten. Einmal ist es das Programm der **„Almacenistas"**, was eigentlich in wörtlicher Übersetzung „Lagerhalter" heißt, ein Begriff, der übrigens rechtlich geschützt ist. In den zumeist ziemlich kleinen Lagern einer ganzen Reihe von „Almacenistas", die von den großen Unternehmen mit ihren riesigen Sherry-Bodegas etwas ins Abseits gedrängt wurden, reifen seit altersher nur die feinsten Sherrys, von denen sich die jeweiligen Firmeninhaber bekanntlich nur selten zu trennen vermögen. Den Spürnasen aus dem Hause Lustau ist es nun gelungen, in mühevoller Suche diese Schätze aufzufinden und nach manchmal unendlich langen Verhandlungen auch zu kaufen. Die Raritäten und Uralt-Köstlichkeiten, zum großen Teil noch Überbleibsel aus der klassischen Sherry-Hochzeit, werden dann auf Flaschen gefüllt und verkauft, solange der Vorrat reicht. Dabei – das ist die eigentliche Sensation – wird auf jegliche kellertechnische Behandlung verzichtet, um den ursprünglichen Charakter des jeweiligen Sherrys absolut zu bewahren.

Es liegt in der Natur der Sache, daß diese Einzel-Qualitäten nicht reproduzierbar sind, somit immer nur eine beschränkte

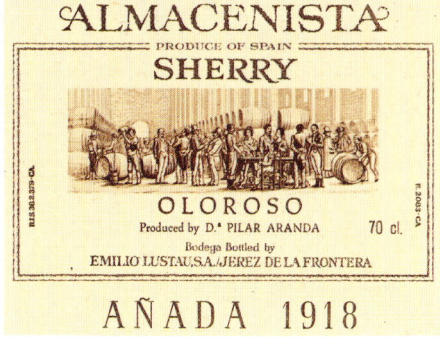

Anzahl von Flaschen sich in Aroma, Duft und Geschmack gleicht. Beim Kauf jeder

Lustau-Freunde schwören auf ihn

Flasche kaufen Sie also auch ein unbekanntes Abenteuer mit, stets jedoch eines der allerersten Güteklasse. Betont werden muß auch nicht, daß diese Sherrys irgendwann zu Ende gehen. Der kluge Sherry-Liebhaber legt sich deshalb einen größeren Posten in den Keller, damit er auch in einigen Jahren noch das Vergnügen genießen kann, diese Köstlichkeiten zu trinken – was heißt hier trinken, ein „Almacenista" wird zelebriert! –, wenn sie längst vom Markt verschwunden sind.

Die zweite Besonderheit bei Lustau ist ein umfangreiches Angebot von **Reserva-Sherrys**, das von Zeit zu Zeit wechselt, weil ebenfalls nur begrenzte Mengen zur Verfügung stehen. Verschnitte aus 100 Jahre alten Soleras sind in diesem Programm keine Seltenheit, ja einmal wurde sogar eine Partie **„Emperatriz Eugenia Sherry"**, ein very rare Oloroso, von Christies versteigert. Trotzdem: Wer schnell ist und Glück hat, bekommt ihn vielleicht noch zu kaufen!

Arbeit in einer Lustau-Bodega

Emilio Lustau ist sowohl mit dem „Almacenista"-Programm als auch mit der Vielfalt seiner Reserva-Angebote in der Sherry-Region konkurrenzlos. Und deshalb paßt die Bodega in keine Kategorie.

Im Wirtschaftsleben, ganz besonders aber im Marketing, ist es allzumenschlich, seine Produkte gern so weit oben wie möglich anzusiedeln. Das gehört einfach zum Handwerk. Weil aber das Gedränge an der Spitze unübersichtlich wird, wenn sich 80 von 100 Markenartikeln gern in der Gruppe der ersten zehn angesiedelt sehen wollen, mußte hier bei der Präsentation von Spitzen-Sherrys eine strenge Auswahl getroffen werden, in herausragende Qualitäten und in sehr gute. Die minderwertigen, ja selbst die Mittelklasse habe ich sowieso rausgelassen. Ich nehme also die mir zugedachte Schelte auf mich, die der eine oder andere Hersteller oder auch Sherry-Freund mir zuteilen möchte, weil er meinen Beurteilungen nicht folgen kann oder will.

Lassen wir nun nach den ganz außergewöhnlichen die sehr guten Sherrys zu ihrem Recht kommen, wenngleich auch hier nur eine kleine Auswahl in Deutschland erhältlicher Produkte vorgestellt werden kann, die keinesfalls Anspruch auf Vollständigkeit erhebt. Allerdings sind hier die Produktnamen in alphabetischer Reihenfolge aufgeführt, weil eine Reihe von Hersteller-Bodegas nicht mehr als selbständige Unternehmen existieren.

Baron de Brodzic Hergestellt werden die Sherrys unter diesem Namen in dem Haus **„Bodegas Internacionales"** in Jerez, das früher eine ganze Anzahl älterer Bodegas geschluckt hat mit der Folge, daß es nun auch von einem Größeren vereinnahmt wurde. Sherry der Marke

Fino-Etikett aus dem Hause Baron de Brodzic

Baron de Brodzic ist in der Bundesrepublik relativ wenig bekannt, dafür aber in einem kleinen, feinen Zirkel von luxuriösen Restaurants und Bars sowie ausgesuchten Fachgeschäften. Im Ostblock ist kaum ein Devisen-Laden zu finden, in dem diese Marke fehlt; in Südamerika und Kanada ist sie gut vertreten.

Hinter dem Namen der Marke steht eine uralte Familie des polnischen Hochadels, der bereits 1038 vom Piastenkönig **Casimir I. dem Erneuerer** das noch heute benutzte Wappen verliehen wurde. Natürlich findet es sich auf den Etiketten des noblen Sherrys wieder. Die drei Sorten Fino Seco, Amontillado Medium und Crema Oloroso, alle mit einem Alkoholgehalt von 17,5 Prozent, erweisen sich als sehr gute Qualitäten bei höchst moderaten Preisen. Zur Cream-Sorte ist anzumerken, daß sich hinter der ehrlichen Beschreibung im Prospekt der Importfirma **Puri-**

mex - dessen Geschäftsführer **Tadeusz von Kalinski-Brodzic** ein Mitglied der Namensgeber-Familie ist – eine süße Bombe versteckt, „fast cremeartig und von vollem Aroma". Zum Kaffee genossen oder leicht gekühlt über einen original englischen Plumpudding gegossen, kommt er so richtig zur Geltung.

Chairman's Dieser Sherry kommt nicht unbedingt jedes Jahr aus derselben Bodega, es handelt sich um eine Handelsmarke des Importhauses **Buxtorf** in Bremen. Alle drei Sorten – also Fino, Amontillado und Cream – sind sehr gut trinkbar, obwohl der Amontillado eine Spur mehr Fülle gut vertragen könnte. Andererseits ist er hervorragend geeignet, einem Cream-Liebhaber auf dem Weg hin

Chairman's mal drei

zum Fino eine gute Hilfe zu leisten, wenn er sich von der vollen Süße in Richtung der klassischen trockenen Sherrys orientieren möchte. Das Verhältnis von Qualität und Preis ist sehr gut.

Delgado Zuleta Maximilian Pallhuber, Weingut und Weinkellerei in Langenlonsheim, importiert zwei Sorten Sherry, die recht beachtliches Niveau mitbringen. Einmal ist da ein Manzanilla dieses Namens, der aus der Bodega kommt, die ebenso heißt, der sehr leicht ist, seinen salzigen Akzent dezent zurückhält und einen langen Abgang hat, das heißt, nach dem Hinunterschlucken bleibt der angenehme Geschmack noch lange im Mund. Daneben steht einer der höchst selten bei uns angebotenen Pedro-

Ximenez-Sherrys mit tollem Charakter. Sehr dunkelbraun, fast schwarz fließt er schwer und ölig aus der Flasche. Farbe und Dickflüssigkeit lassen penetrante Süße vermuten, die er jedoch keineswegs hat, denn alle Klebrigkeit, die dem reinen PX-Wein eigen ist, wurde durch einen Schuß frischen Finos eliminiert – so zumindest schmeckt er, nach deutlichem Fino-Hintergrund. Sein Bukett nach altem Kirschbaumholz macht diesen Wein überaus interessant.

Derselbe Importeur bietet daneben einen Cream **„Don Maximilio"** aus der Bodega Delgado Zuleta sowie einen sehr guten halbtrockenen Amontillado gleichen Namens an, der allerdings aus der Bodega **Maria Ruiz Berdejo** stammt; es dürfte sich dabei wohl um eine Handelsmarke drehen.

Offley Die unter diesem Namen in Deutschland nur über den Fachhandel und die Gastronomie vertriebenen Sherrys sind eine Handelsmarke von **Martini & Rossi** und werden im Auftrag und unter Kontrolle von **Martini International** hergestellt, von der einzigen Bodega in deutschem Besitz: **Garvey** in Jerez. Der Ire **William Garvey of Annagh Castle** legte 1780 den Grundstein für das Unternehmen, das sich heute einer Rebfläche von 600 Hektar rühmen kann, damit zu den größten Produzenten gehört. Aus den Weinbergen, die alle in der bevorzugten Albariza-Region liegen, kommen ausgezeichnete Palomino-Trauben, die jährlich zu über acht Millionen Flaschen verarbeitet werden. Die Bodega Garvey gehörte bis vor einigen Jahren neben anderen zum **Rumasa**-Konzern und ging nach einem kurzen Zwischenspiel unter staatlicher Kontrolle (nach dem Rumasa-Zusammenbruch) in das Eigentum der deutschen **Coop AG**, Frankfurt am Main, über.

Von den vier Sorten Fino, Medium Dry Pale, Amontillado und Cream – alle mit gehobener Standard-Qualität – ist der Amontillado besonders erwähnenswert. Aroma und Geschmack verraten eine vom Kellermeister gesteuerte höchst glückliche Ehe – kurz gesagt: ein Sherry, der eigentlich mehr kosten dürfte.

Osborne Wie viele andere wurde auch dieses Unternehmen von einem Englän-

Osborne-Stammsitz

der begründet, von **Thomas Osborne Mann**, Inhaber einer bedeutenden Export-Agentur im andalusischen Cádiz. Um seine Gewinne gut anzulegen, erwarb er nach und nach einige kleinere Lagerhallen in Jerez, ließ sich aber 1772 in Puerto de Santa Maria nieder und eröffnete dort die Firma, die heute mit diversen Interessen im Sherry-, Wein- und Spirituosen-Geschäft nicht nur eine der ältesten Sherry-Bodegas in der Region von Jerez ist, sondern auch eine der größten Firmengruppen Spaniens im Getränkebereich.

Andalusien ohne Osborne wäre nicht Andalusien. Als er starb, waren seine Söhne noch nicht alt genug, um die Leitung des Hauses zu übernehmen. Deren Onkel **Francisco Morgan** führte in ihrem Namen die Geschäfte und erwarb sich und dem Unternehmen einen hervorragenden Ruf. Der älteste Sohn **Thomas Osborne**

Ein delikater Tropfen

Böhl de Faber hatte, als er die Direktion übernahm, ebenfalls Erfolg und erwies sich schnell als innovativer und aktiver Geist, was für die Weiterentwicklung der Bodegas von großer Bedeutung war. Die Einwohner von Puerto de Santa Maria verdanken diesem Mann eine Stierkampfarena, die zu den schönsten in der spanischen Welt zählt. Sein Bruder **John Nicholas** wurde Diplomat und vertrat Spanien in Frankreich, Italien und Rußland mit so viel Geschick, Klugheit und Würde, daß Papst **Pius IX.** ihm 1869 den erblichen

Osborne-Sherry für jeden Geschmack

Titel Graf verlieh. Mit ihm wurde der erste Sherry-Produzent in den Adelsstand erhoben. Zum **Ritter des Ordens des Heiligen Johannes von Jerusalem** war er bereits 1855 durch Königin **Isabella II.** geschlagen worden. Heute liegen die Geschicke des weitverzweigten Unternehmens als Aktiengesellschaft in den Händen von **Enrique Osborne MacPherson.** Und was nach dem Bau der Arena nicht ausbleiben konnte: Die Osbornes züchten Stiere und haben den Stier seit geraumer Zeit als Firmensymbol übernommen.

Das Flensburger Importhaus **Herm. G. Dethleffsen**, als Hersteller des **Bommerlunder** weit bekannt, ist Generalimporteur für alle Osborne-Sortimente in der Bundesrepublik.

Das Sherry-Angebot ist – vergleichbar mit dem von Gonzalez Byass – das reichhaltigste bezüglich Geschmacksrichtungen und Preisklassen, das auf dem deutschen Markt präsent ist. Die Marken **„El Toro"** (Pale Dry Fino), **„El Amigo"** (Medium Dry) und **„Pamela"** (Cream) stellen das Segment für den breiten Einzelhandel dar, sind gute und preiswerte Sherrys. Natürlich gibt's auch was für gehobene Ansprüche. Der Pale Dry **„Fino Quinta"**

Einer der besten von Osborne

erweist sich als trocken mit feinem, delikaten Geschmack. Der **„Coquinero"** ist, obwohl auf dem Etikett mit „Dry" angekündigt, eher ein leicht halbtrockener Amontillado, dessen weicher Charakter allerdings besticht. **„No. 10 RF"** nennt sich der Oloroso Medium mit 19 Alkohol-Prozenten, ein sehr dunkler Sherry mit ungeheurer Blume und einem feinen herbsüßen Bukett. Schließlich rundet der **„Osborne Cream"** die Reihe ab. Insgesamt sind alle Osborne-Sherrys tadellos, die Beliebtheit bei deutschen Konsumenten wird durch jährlich überdurchschnittliche Zuwachsraten bestätigt.

Mit seinen Brandys nimmt Osborne bei uns im Segment der spanischen Weinbrände die Spitzenposition ein. Wer kennt ihn nicht, den **„Osborne Veterano"** – den Großen, Sanften mit dem Stier? Lange gereift in alten Eichenfässern, deren Holz einst aus Virginia, USA, nach Spanien kam, hat er zu Recht eine große Verehrergemeinde. Das Osbornsche Brandy-Spitzenprodukt sehen Experten im Brandy **„Conde de Osborne"**, der in streng limitierter Anzahl in einer vom Altmeister und Genius **Salvador Dali** entworfenen Flasche schon von seinem Äußeren her eine wahre Augenweide ist. Den relativ hohen Preis von manchmal gut 150 DM (wenn nicht mehr) umgehen manche seiner Liebhaber, indem sie ihn in irgendeinem Duty-free-Shop kaufen und dabei bis zu 50 Prozent sparen. Die phantastische Geschmacksfülle dieses Nobel-Brandys entspricht der mehr als 200 Jahre alten Erfahrung von Osborne; und sie ist nicht zuletzt auch Grundlage für die in Spanien seit langem unangefochtene Marktführerschaft.

Ruiz y Ruiz Die Sherrys unter dem Etikett-Namen Ruiz, ein Pale Dry Fino, ein Fine old Amontillado und ein Cream Oloroso, werden in der Bodega von Ruiz & Ruiz produziert, die zu den kleineren Sherry-Häusern zählt. Alle Sorten sind klassische und höchst anständige Vertreter ihres jeweiligen Typs.

Für ein zweites Programm aus derselben Bodega unter dem Markennamen **„Don Felix"** trifft dies ebenso zu, wenn auch der Medium dry Amontillado erheblich nach oben ausschlägt. Differenziertes Blenden hat zu einem zart-lieblichen Sherry mit viel leicht fruchtiger Frische ge-

José Estévez de los Reyes, Präsident von Ruiz y Ruiz, prüft seine Sherrys, so oft er kann

Das Ruiz-y-Ruiz-Sortiment

führt – ohne jede Einschränkung ein großer Wurf des Kellermeisters.

De Vargas Kommen wir zur letzten Vorstellung – am Ende der alphabetischen Reihenfolge, was alles andere als eine qualitative Wertung ist. Die klassischen drei Sorten Fino, Amontillado und Cream importiert **Pabst & Richarz** aus der renommierten Bodega **Rafael de Vargas** in Jerez, die auch unter diesem Namen angeboten werden. Es handelt sich bei allen drei Sherrys um sehr angenehme Standard-Qualitäten, die geschmackliche Extreme vermeiden und gut trinkbar sind.

Am Anfang meines „Sherry-Probierstudiums" habe ich, ungeduldig wie ich nun mal bin, einen Fehler gemacht, vor

De Vargas mit den drei klassischen Sherry-Sorten

dem ich diejenigen unter Ihnen behüten möchte, die nach der Vielzahl der hier aufgeführten Sorten und Marken sofort zum Vollzug schreiten wollen.

Wer sich auf Entdeckungsreise begeben möchte, wähle höchstens zwei oder drei Ziele. Ich meine damit: Probieren Sie nicht mehr als zwei Sortimente verschiedener Bodegas an einem Tag. Wer es dem Typ nach angehen will, ist gut beraten, zum Beispiel nicht mehr als drei unterschiedliche Finos zu verkosten; Nichtraucher, deren Geschmackspapillen noch intakt sind, können aber auch vier wagen. Zuviel auf einmal zu versuchen, kann nicht zu einem klaren Urteil führen, weil die sensorischen Empfindungen abstumpfen. Die dem eigenen Geschmack am meisten zusagenden Sherrys herauszufinden, soll doch Freude, Spaß und Genuß bereiten – oder?

Culinarium

Sherry in Keller, Küche und Bar

Andalusiens Wunderwein hat sich bei Wahrung aller Tradition längst von dem kleinen Regelwerk, das vor 50 Jahren noch gegolten haben mag, "emanzipiert". Es ist heute nicht mehr verpönt, einen süßen Cream "on the rocks" zu genießen, dadurch haben sich ganz neue Geschmacksrichtungen durchgesetzt, die um die Jahrhundertwende noch undenkbar gewesen wären. Auch auf die Farbe ist kein Verlaß mehr, denn eine Kompositionskunst ohne Beispiel hat Sherrys entstehen lassen, die sich nicht mehr an "Farbvorschriften" halten.

Generell aber ist die Farbe schon noch ein ganz brauchbares Kriterium: Ein Fino ist meist hell, strohfarben oder erinnert an Topas; ein Amontillado zeigt in der Regel einen warmen Bernstein-Farbton; die allermeisten Olorosos präsentieren sich dunkelgolden, und ein Cream erwärmt das Auge mit Rotbraun oder noch dunkler. Der seltene Pedro Ximenez ist ohne Ausnahme tiefdunkelbraun bis fast schwarz. Doch wie gesagt: Ausnahmen bestätigen die Regel.

Vor dem Kauf eines Kellervorrats ist es vorteilhaft, ziemlich genau zu wissen, welche Geschmacksrichtung und welche Bodega-Typik präferiert wird. Am besten ist es, Sie erstehen einige Sorten und Marken, veranstalten zu zweit oder auch in größerer Runde eine richtige Sherry-Probe, wobei sich jeder Teilnehmer bei jedem einzelnen Sherry Notizen macht, die anschließend verglichen werden.

Zusätzlich sollten Sie unbedingt folgende Punkte beachten:

▶ Sherry kann, im Gegensatz zu den allermeisten anderen Weinen, in der geöffneten Flasche ohne Verluste an Aroma und Geschmack auch längere Zeit aufbewahrt werden.

▶ Jeder Sherry kann im Laufe der Zeit einen Bodensatz bekommen, der die Qualität in keiner Weise beeinträchtigt. Lassen Sie eine solche Flasche einige Stunden ruhig stehen und dekantieren Sie den Inhalt in eine Karaffe, die sowieso in jüngster Vergangenheit wieder enorm an Beliebtheit gewonnen hat. Hat die Karaffe noch dazu einen eingeschliffenen Stöpsel, leidet der Sherry drei bis vier Wochen keinen Schaden.

▶ Denken Sie beim Einkauf daran, daß auch einmal Gäste von Ihrem Sherry-Schatz im Keller kosten werden, die Ihre ganz persönliche Geschmacksvorliebe vielleicht nicht teilen. Deswegen ist ein kleiner Vorrat aller drei Hauptsorten, also Fino, Amontillado und Cream, ganz sinnvoll. Abgesehen davon, daß in der feinen Küche manch-

Sherry als Aperitif zu kleinen Happen

mal dieser, manchmal jener Sherry zum Rezept benötigt wird.
- Finden Sie für den jeweiligen Sherry-Typ ihre ganz persönliche Temperatur heraus, doch üben Sie keine „gekühlte" Gewalt auf Ihre Gäste aus, die deren Genuß-Freude vielleicht beeinträchtigen könnte. Jeder nach seiner Façon, sagte schon Friedrich der Große.

Serviert wird Sherry stilecht in den Gläsern, die die Spanier **„Copitas"** nennen, kleine Gläschen aus dünnem Glas (wegen des guten Lippenkontaktes), die sich oben leicht verjüngen, damit sich der aromatische Duft besser konzentrieren kann und die Nase auch ihr Vergnügen hat. Ich habe schon erlebt, daß Sherry in Champagner-Kelchen, die einen kurzen Stil hatten, präsentiert wurde. Die Glasform ähnelt zwar der der Copita, doch Sherry ist nun einmal anders als „normale" Weine, die – mögen sie noch so kostbar, noch so teuer sein – in größeren Mengen getrunken werden. Sherry so anzubieten, macht keinen guten Eindruck. Eine Ausnahme kann natürlich schon mal bei antiken Gläsern gemacht werden, die dem Fassungsvermögen eines Copita in etwa entsprechen. Zu einem festlichen Anlaß ist gegen das Servieren von Sherry in derartigen oft wertvollen kleinen Gläsern oder Kelchen natürlich nichts einzuwenden.

Grundsätzliches ist zur einzuschenkenden Menge zu sagen: Stets und immer nur maximal halbvoll hat das Glas zu sein. Der Kenner faßt den Fuß des Glases zwischen

Culinarium

Daumen und Zeigefinger und schwenkt den Inhalt leicht einige Male, um das Bukett sich voll entwickeln zu lassen. Und nun trinkt der wissende, etwas in die Geheimnisse des Sherry eingedrungene Genießer in kleinen Schlucken. Sherry, auch der leichteste und trockenste, ist niemals etwas gegen „Durst", wie vielleicht Mineralwasser, Obstsaft oder Bier. Sherry trinken, um dem Körper notwendige Flüssigkeit zuzuführen, hieße diesen noblen Stoff zutiefst mißbrauchen. Er ist prädestiniert, sensiblere Bedürfnisse zu befriedigen, sprich sensorische, emotionale, ja vielleicht sogar geistige.

Trotz all dieser vorzüglichen und delikaten Charakterzüge ist Sherry ein Wein, der sich ziemlich viel gefallen läßt. Seine Lagerung ist problemlos, erfordert nicht unbedingt einen Keller, verlangt auch nicht nach Dunkelheit oder konstanter Raumtemperatur. Die im Ursprungsland Spanien wie in England, dem Land größter und längster Sherry-Konsum-Tradition, hauptsächlich bevorzugten Servier-Temperaturen – kühl für Manzanilla, Fino und Amontillado, zimmerwarm für Creams und halbtrockene Olorosos – können beliebig variiert werden, ohne daß der Sherry leidet, nur der Geschmack wird sich dabei verändern, oft gar nicht erst richtig entfalten.

In der noch verhältnismäßig jungen Karriere des Sherry in Deutschland – so richtig begann sie eigentlich erst vor zehn, fünfzehn Jahren – ist er bei vielen Menschen über die Funktion als Aperitif bisher kaum hinausgekommen. Natürlich ist Sherry der klassische Aperitif, der ideale Magenöffner (aus dem Lateinischen: aperire für öffnen). Er regt die Produktion der Magensäfte an, und, was noch wichtiger ist, er stimuliert unsere Geschmacksnerven, stimmt sie ein auf die erwarteten kulinarischen Genüsse. Ein erlesenes Menü mit einem Manzanilla, Fino oder auch einem leicht lieblichen Amontillado zu beginnen, kann niemals falsch sein. Während des Essens werden in aller Regel leichtere Weine gereicht, mit denen sich ein vorangegangener Sherry aber in jedem Fall gut verträgt. Sein für einen Aperitif angemessener Alkoholgehalt von 17,5 Prozent trägt außerdem zur besseren Bekömmlichkeit des nachfolgenden Essens bei.

Sherry eignet sich aber nicht nur hervorragend zum Servieren als Aperitif und – wenn es sich um einen Cream-Sherry handelt – als Digestif zum Dessert, Kuchen oder Kaffee, sondern ist ein Getränk für jede Tageszeit und jede Gelegenheit. Nutzen Sie seinen Charme als Begrüßungstrunk für Ihre Gäste, als Einstimmung für die Party, die ja nicht gleich mit härteren Drinks beginnen muß. Genießen Sie seine schon von Shakespeare besungene beruhigende und inspirierende Seele nach getanem Tagewerk, nach erfüllter Pflicht. Gönnen Sie sich eine schöpferische Sherry-Pause auch ohne jeden äußeren Anlaß, einfach mal zwischendurch, oder beschließen Sie den aufregenden Opernabend, die

PLAYBOY *Culinarium*

Examensfeier oder den Chrysanthemenball mit dem besten Sherry aus Ihrem Keller.

Sehen wir jetzt einmal den Meistergourmets über die Schulter, um zu ergründen, zu welchen Speisen welcher Sherry am besten paßt:

Manzanilla und Fino: Lukullische Vorspeisen wie geräuchertes Forellenfilet, Räucherlachs und alle Schalen- und Krustentiere, aber auch kleine Häppchen nach Art der spanischen Tapas: Würzige Muscheln in Öl eingelegt, mit Mandeln gefüllte Oliven, Paprikawurst in hauchdünnen Scheiben, in Zitronensaft und Olivenöl marinierter Tintenfischsalat oder – etwas

Schalen- und Krustentiere jeglicher Art – frisch aus dem Meer – werden erst mit einem trockenen Sherry zur absoluten Delikatesse abgerundet

Tapas und Sherry – eine ideale Kombination für jeden Feinschmecker

ganz Ausgefallenes – Datteln in Speck mit gebackenen Krabben. Und natürlich Käse-Snacks.

Amontillado: Als der universellste Sherry paßt er wie ein Fino zu den eben genannten Kleinigkeiten, besonders gut aber zu allen warmen Vorspeisen. In der feinen Küche ist ein halbtrockener Sherry überdies eine bevorzugte Zutat zur Vervollkommnung von Suppen und Saucen, denen er eine ganz typische Note zu geben vermag.

Oloroso: Manchmal ist er halbtrokken, seltener trocken, immer aber voller

Gebratene Garnelen in Olivenöl mit Knoblauch und ein Sherry – unwiderstehlich

Kraft und Würze, weshalb er als Lebenswecker und Gedankenbringer bezeichnet wird; er paßt zu fast allen Käsesorten, zu Nüssen und anderen Knabbereien, wie Käsegebäck und Crackers und verträgt sich ausgezeichnet mit Oliven (passenderweise sollten es spanische Oliven sein, sie sind die besten). In der Küche leistet er beim Abschmecken von Fleischsaucen gute Dienste.

Cream: Als Begleiter von Desserts und Gebäck eignet er sich hervorragend, und in der Küche ist er für die Zubereitung extravaganter Süßspeisen und Saucen, Obstsalaten, und Cremes unentbehrlich.

Unbedingt beachten:
Auch zum Kochen sollte ein hochwertiger Sherry genommen werden, nicht etwa die Sorte, die zum Purtrinken aus Versehen gekauft wurde und den Ansprüchen nicht genügt. Gerade zum Verfeinern taugt eine mindere Sherry-Qualität nicht.

Culinarium

Rezepte mit Sherry

Vorspeisen und Suppen In Spanien heißen sie **„Tapas"**-(zu deutsch „Deckelchen", von der kleinen Scheibe Weißbrot, mit der früher gern das Sherry-Glas abgedeckt wurde) – die kleinen kalten Snacks und warmen Vorspeisen, Mini-Mahlzeiten besonderer Art wie gefüllte Teigtaschen **(Empanadas)**, Tintenfisch-Ringe, Krabben in Knoblauch oder Schweinefilets am Spießchen.

Gambas al ajillo – Krabben in Knoblauch Zutaten: 500 g große Krabben, 1 Zitrone, $1/8$ Liter spanisches Olivenöl (vorzugsweise Jungfernöl, also erste Pressung), 6 Knoblauchzehen, ein halber Teelöffel Chilipowder, etwas Salz, Petersilie und ein Glas Fino-Sherry. Zubereitung: Die geschälten Krabben werden mit dem Saft der Zitrone und nicht zu reichlich Sherry beträufelt, um sie darin fünf Minuten ziehen zu lassen. Jetzt das Olivenöl erhitzen, die geschälten, in Scheiben geschnittenen Knoblauchzehen und die kleingehackte Petersilie darin kurz anrösten. Nun werden die Krabben hinzugefügt und ungefähr sechs Minuten bei starker Hitze gebraten. Die fertige Köstlichkeit, in feuerfeste Schälchen verteilt, mit Weißbrot und einem Glas Fino serviert, läßt jede Zunge Flamenco tanzen.

Pinchos de lomo – Schweinefilet-Spießchen Zutaten: 300 g Schweinefilet, 2 Eßlöffel Sojasauce, 100 g frische Champignons, 1 Eßlöffel Mehl, etwas Olivenöl, Salz und ein Glas Amontillado. Zubereitung: Das in kleine Würfel zerschnittene Filet in der Sojasauce und dem Amontillado etwa 1 Stunde lang ziehen lassen, dann abwechselnd mit den Champignons auf kleine Spieße stecken, salzen, pfeffern und in Mehl wenden, ehe sie in dem heißen Olivenöl gebraten werden. Servier-Vorschlag: Mit Weißbrot oder knackigem Toastbrot und einem Glas Amontillado.

Zuzùz – Mandelsüppchen Zutaten: 100 g süße Mandeln, ³/₈ l Hühnerbrühe, 1 Teelöffel geriebene Zwiebel, 2 Eigelb, ⅛ l süße Sahne, 1 Lorbeerblatt, etwas abgeriebene Orangenschale (von ungespritzten Orangen!), 1 Glas kräftigen Fino. Zubereitung: Die Mandeln werden überbrüht, abgezogen und gerieben, mit der geriebenen Zwiebel und dem Lorbeerblatt in die heiße Hühnerbrühe geben und bei kleiner Flamme etwa 15 Minuten köcheln lassen (bitte gehen Sie nicht weg vom Herd und nehmen Sie einen hohen Topf, denn die Sache neigt zum Überkochen!). In der Zwischenzeit werden die beiden Eigelb mit der süßen Sahne verrührt. Nach dem Entfernen des Lorbeerblattes wird nun die Mandelbrühe löffelweise langsam unter ständigem Umrühren der Eigelb-Sahne beigefügt. Mit Salz, Orangenschale und dem Fino abschmekken. Diese Suppe schmeckt warm ebenso gut wie kalt.

Gemüsecremesuppe mit Amontillado Zutaten: 800 g Gemüse (Porree, Möhren, Kartoffeln, Staudensellerie, Broccoli), 1 mittelgroße Zwiebel, 40 g Butter, 20 g Mehl, 1 Liter Fleischbrühe, ¼ l Milch, Salz, gemahlener weißer Pfeffer, gemahlener Muskat, 2 Eigelb, 4 cl Sherry Amontillado, 175 g Crème fraîche. Zubereitung: Das Gemüse waschen und abtropfen lassen. Den Porree in Ringe schneiden, die Möhren und Kartoffeln schälen und würfeln. Den Staudensellerie in Stücke schneiden und den Broccoli in Röschen teilen. Die geschälte Zwiebel würfeln. In einem großen Topf die Butter erhitzen, die Zwiebelwürfel darin hellgelb andünsten, Mehl darüberstäuben und unter Rühren hell anschwitzen. Mit der Fleischbrühe und der Milch aufgießen. Dabei kräftig mit dem Schneebesen rühren. Das vorbereitete Gemüse in die kochende Flüssigkeit geben und würzen. Die Suppe bei geschlossenem Deckel 20 Minuten kochen lassen. Nun einen Schaumlöffel voll Gemüse aus der Suppe nehmen und beiseite stellen. Dann die Suppe durch ein Sieb streichen und wieder erhitzen. Das Eigelb mit dem Sher-

Gemüsecremesuppe mit Amontillado – wann probieren Sie es?

ry und einigen Löffeln heißer Suppe verrühren und die Suppe legieren. Das zurückbehaltene Gemüse in die Suppe geben, nicht mehr kochen lassen. Die Suppe in vorgewärmte Tassen füllen und auf jede Portion einen EL Crème fraîche geben.

Hauptgerichte Es gibt vielfältige Möglichkeiten des Einsatzes von Sherry bei Hauptgerichten. Obwohl hier dem Ausprobieren keine Grenzen gesetzt sind, können zwei grundsätzliche Bemerkungen vielleicht hilfreich sein:

▶ Trockene Sherrys aromatisieren vor allem Fischsaucen und Salat-Dressings. Sie sind höchst willkommene Helfer, wenn in der chinesischen Küche ein Originalgewürz, das es hierzulande kaum gibt, ersetzt werden muß.

▶ Dunkle Sherrys sind ausgezeichnet zum Würzen für alle Wildsaucen, die auch mit Wildfrüchtemus angereichert werden können. Die dunklen Cream-Sherrys von milder oder voller Süße eignen sich ausgezeichnet für alle Arten von Dessertsaucen, wenn sie nicht pur zum Beispiel über Eiscreme oder schwere Kuchen gegossen werden.

Arne Krüger, Gastronaut, Kochkünstler und Gourmet-Schriftsteller empfiehlt folgende Gerichte mit Sherry:

Entenbrust gefüllt mit Rosinenmasse in Cream-Sherry-Sauce gedünstet mit Mandelreis Die

Entenbrust zur Tasche aufschneiden, mit einer Füllung aus gequollenen Rosinen oder Sultaninen und geweichtem Weißbrot, etwas Salz und weißem Pfeffer füllen, mit kleinen Holzspießchen verschließen und unpaniert in Butter hellbraun anbraten lassen. Den Fond mit Cream-Sherry verfeinern, etwas einkochen lassen und mit Cayennepfeffer würzen. Mit einigen Butterflöckchen wird die Sauce nun auf eine Platte gegeben, wo sie zu einem dünnen Spiegel verläuft, worauf die Entenbrust, im ganzen oder aufgeschnitten angerichtet, auf einem Sockel Mandelreis serviert wird. Für den Mandelreis wird Langkorn als Risotto mit getoasteten Mandelstiften vermischt und mit Butter oder Öl glänzend gemacht.

Schollenfilets in Fino mit Lauchstreifen und Petersilienwurzeln, Gratinkartoffeln Die Filets, die auch von der Seezunge oder vom Karpfen sein können, werden mit in Scheiben geschnittenen Champignons, gewürfelten Zwiebeln und Butterflöckchen in einer mit Butter ausgestrichenen Ofenform angebraten, dann kommt ein kräftiger Fino dazu (Arne Krüger empfiehlt bei diesem Rezept ausdrücklich „Dry Sack"). Die Filets etwa 10 Minuten im Ofen dünsten lassen, wobei der Sherry verdunstet. Vorher werden die Porreestreifen (nur das Weiße verwenden) und die sauber geputzten Petersilienwurzeln blanchiert (heiß überbrüht) und unter die Filets geschoben. Sind die Filets aus dem Ofen genommen, werden sie noch einmal mit Fino und Creme double überzogen und heiß serviert.

Roy Petermann, berühmter Küchen-Chef im **„Landhaus Dill"** in Hamburg nennt seine Sherry-Spezialität:

Kalbsbries mit Sherry-Vinaigrette Zutaten: 1 kg Kalbsbries, 1 Eßlöffel Sherry-Essig, 1 Zwiebel, 1 Gewürznelke, 3 Stengel Thymian, 200 g Steinpilze, je 100 g Sellerie, Porree, Möhren, noch einmal 1 Eßlöffel Sherry-Essig, 3 Eßlöffel Nußöl, 1 Teelöffel gewürfelte Schalotte, Salz, Pfeffer, Mehl, 4 Eßlöffel Butter, etwas Kerbel. Zubereitung: Kalbsbries 24 Stunden in kaltes Wasser legen, das Wasser öfter wechseln. 1 Liter Wasser mit Essig aufkochen. Zwiebeln schälen, mit der Nelke bestecken und mit Thymian und dem Kalbsbries dem Wasser hinzufügen, 20 Minuten ziehen lassen, abgießen und abkühlen lassen. Die Pilze in dünne Scheiben und das Gemüse in sehr feine Streifen schneiden, Salzwasser stark aufkochen, das Gemüse abbrühen, in Eiswasser abkühlen und abtropfen lassen. Marinade aus Sherry-Essig, Nußöl, Schalotte, Salz und Pfeffer zubereiten und mit dem Gemüse auf Tellern anrichten. Das Kalbsbries in zentimeterdicke Scheiben schneiden, salzen, pfeffern, in Mehl wenden und abklopfen. Die Kalbsbries-Medaillons bei mittlerer Hitze von beiden Seiten in Butter hell bräunen und auf das Gemüse geben. Im Bratfett die Steinpilze eine Minute wenden, salzen und dazugeben. Beilage: frischer Kerbel. Dazu einen kräftigen Amontillado servieren.

Dessert Spanien-Urlaubern ist vielleicht schon der Ausdruck „Flan caramel" bei den Nachspeisen auf der Karte begegnet. In der modernen Küchensprache hat sich der Begriff „Flan" inzwischen eingebürgert als Oberbegriff für alle in kleinen Förmchen gebackenen, auf Tellern umgestürzten Puddings. Der originale Flan caramelo aber ist das spanische National-Dessert, eine überaus delikate Gaumenfreude.

Flan caramelo Zutaten: 1 Teelöffel Butter, 100 g Zucker, 3 Eier, 2 Eigelb, 75 g Zucker, ½ l Milch, 1 Vanilleschote, 1 Prise Salz. Zubereitung: Die Butter in einer Pfanne erhitzen und 100 g Zucker unter ständigem Rühren darin schmelzen; ist die Masse zartbraun, in feuerfeste Förmchen verteilen. Die Eier mit den Eigelb und 75 g Zucker schaumig schlagen und nach und nach vorsichtig die kochende Milch dazugeben; in die Creme wird nun die Vanille gerührt und das Ganze mit Salz abgeschmeckt. Diese Creme wird in die Förmchen verteilt, die im Wasserbad im Backofen bei 180° etwa 20 Minuten bakken müssen. Herausnehmen, auf kleine Teller stürzen und mit einem feurig-süßen Cream-Sherry übergießen.

Inhaber und Küchen-Chef im berühmten **„Gala"** in Aachen ist **Gerhard Gartner**; er erfand die

Beschwipsten Madeleines Zutaten: 120 g Butter, 4 Eier, Mark einer Vanilleschote, 120 g Zucker, 120 g Mehl, 350 ml Cream-Sherry, ½ l Schlagsahne. Zubereitung: Butter schmelzen und wieder abkühlen lassen; Eier, Vanillemark und Zucker schaumig rühren, bis der Zucker sich ganz aufgelöst hat; jetzt das Mehl und die fast abgekühlte Butter abwechselnd hinzufügen und den Teig glattrühren. Gebutterte kleine Förmchen mit Mehl bestäuben, den Teig hineinfüllen und bei 220° in sieben bis acht Minuten goldgelb backen; nach dem Backen fünf Minuten warten und dann aus den Förmchen stürzen. Nun die Madeleines mit der Oberseite nach unten in eine passende große Form setzen, den Cream-Sherry dazugießen, bis er von den Törtchen aufgesogen ist. Serviert wird dieser Nachtisch mit ungesüßter steifgeschlagener Sahne zu einem Gläschen Cream.

Besonders begeistert war ich von einem Dessert namens **Vanille-Creme mit Cream-Sherry** Zutaten: 2 Tassen süße Sahne, ½ Tasse Zucker, 1 Teelöffel Vanille-Mark, 2 Eiweiß und eine Prise Salz. Zubereitung: Die Sahne wird halbsteif geschlagen, der Zucker zugefügt und das Ganze steif geschlagen. Jetzt vorsichtig (damit die steife Sahne nicht wieder zusammenfällt) die Vanille darunterrühren. Die beiden Eiweiß mit dem Salz ebenfalls steif schlagen. Beides wird nun ganz langsam zusammengefügt und die entstandene Masse in acht kleine Formen gefüllt, die im Frosterfach des Kühlschranks oder in der Tiefkühltruhe (Achtung: ab und zu nachsehen!) 2 bis 3 Stunden stehenbleiben, bis die Creme sehr fest geworden ist. Vor dem Servieren wird jede Portion mit reichlich Cream-Sherry übergossen.

Kann man Kuchen mit Sherry backen? Bitte sehr:

Sherry-Kuchen Ein lockerer, in der Kastenform gebackener Hefekuchen, nicht zu süß, wird nach dem Erkalten in Scheiben geschnitten (etwa 1,5 cm dick), die mit Marmelade aus roten oder schwarzen Johannisbeeren bestrichen und anschließend in eine mit Butter ausgepinselte feuerfeste Form gelegt werden. ½ l Milch, 200 ml Cream-Sherry, 4 Eier und 150 g Zucker mit einer Prise Salz gut vermischen. Die so entstandene flüssige Creme wird über die Kuchenscheiben gegossen, das Ganze mit ein paar Stäubchen Muskatnuß bestreut und die feuerfeste Form im Wasserbad 40 bis 50 Minuten gekocht, bis die Creme fest ist. Kalt oder warm wird diese Delikatesse mit Schlagsahne serviert. Als Getränk dazu ist ein Gläschen Cream-Sherry sicher nicht verboten.

Als exquisites Dessert eignet sich in fröhlicher Runde auch eine Kreation von **Arne Krüger:**

Sherry-Kuller In ein großes, langstieliges Kelchglas kommt ein Pfirsich mit eingestochener Haut. Das Glas nun zu einem Viertel mit trockenem Fino und zu einem weiteren Viertel mit Cream-Sherry füllen und mit Champagner aufgießen, bis sich der Pfirsich zu drehen beginnt.

Da wären wir also beim Sherry als Mix-Zutat. Eine Fülle ausgezeichneter Drinks findet sich in den Rezeptbüchern für Mixgetränke aller Art. Hier nur einige Anregungen, die ich aus Spanien mitgebracht habe.

Bloody Tio Pepe Jeweils die gleiche Menge Tomatensaft und trockener Fino werden gerührt (bitte nicht schütteln!), mit einem Spritzer Worcester Sauce, einer kleinen Prise Salz, schwarzem Pfeffer gewürzt und je nach Gusto mit Zitrone abgeschmeckt. Sehr kalt servieren.

First Cousins $1/3$ Manzanilla oder Fino mit $2/3$ Gin gut rühren und mit einer (ungefüllten) Olive oder einem Schnitzer Zitrone servieren. Ohne Zutat, dafür on the rocks schmeckt dieser Drink vorzüglich.

Gabriel's Cream-Sherry (den besten) mit einem Stückchen Orangenschale, drei Tropfen Angostura Bitter auf Eis geben – etwa 5 Minuten stehenlassen, damit die Orangenschale ihren Einfluß geltend machen kann, herrlich erfrischend.

Fino Mind-Bender $1/4$ sehr trockener Fino, $1/4$ Gin und $2/4$ Wodka werden mit einem Spritzer Worcester Sauce, einer Messerspitze Muskat und fein gestoßenem Eis im Shaker geschüttelt und serviert mit einer kleinen Scheibe Zitrone.

Wie beim Kochen mit Sherry sind Ihrem Ideenreichtum und Ihrer Probierlust auch beim Mixen keine Grenzen gesetzt. „Salud, amor y pesetas!" – so sagt der Spanier und meint damit „Gesundheit, Liebe und Geld".

Kleine Sherry-Statistik
(Stand Juni 1987)

Allgemeine Angaben aus der Sherry-Produktion

Anbaugebiet:	rund um die Stadt Jerez de la Frontera, Andalusien
Anbaufläche:	18 700 ha
Jahresproduktion:	1,48 Mio. hl
Mindest-Lagerbestand:	888 000 Fässer à 500 l = 4,44 Mio. hl
Winzer:	7000
Kellereien (Bodegas):	120
Exporteure:	66

Anteile der Sherry-Geschmacksrichtungen auf dem bundesdeutschen Markt

Jahr	trocken	halb-trocken	süß
1984	19,9%	45,8%	34,3%
1985	21,1%	45,4%	33,5%
1986	21,8%	45,5%	32,7%

Quelle: A. C. Nielsen Company

**Die wichtigsten
Sherry-Importe 1986**

Großbritannien/
Nordirland
36,5%
391 630 hl

Niederlande
28,3%
303 580 hl

Bundesrepublik
Deutschland
19,4%
208 450 hl

übrige
EG-Länder
5,8%
62 511 hl

übrige
70 Länder
10,0%
108 145 hl

Quelle: Spanische Exportstatistik, Consejo Regulador, Jerez

Sherry-Importe in die Bundesrepublik Deutschland 1976 bis 1986 in hl

Jahr	Import in hl	Veränderung	Wert in 1000 DM	Veränderung
1976	57 764		23 140	
		+ 55,30%		+ 24,55%
1977	89 708		28 821	
		+ 26,48%		+ 19,64%
1978	113 460		34 482	
		+ 13,10%		+ 17,21%
1979	128 320		40 418	
		− 4,60%		+ 13,92%
1980	122 419		46 046	
		+ 13,93%		+ 15,58%
1981	139 471		53 221	
		+ 17,36%		+ 18,66%
1982	163 683		63 155	
		+ 29,08%		+ 17,04%
1983	211 288		73 918	
		− 10,20%		− 11,68%
1984	189 729		65 283	
		+ 4,97%		+ 16,96%
1985	199 156		76 359	
		+ 4,98%		+ 11,63%
1986	209 070		85 237	

Quelle: Statistisches Bundesamt, Wiesbaden

Kleines Fachwörter-Lexikon

Eine so lange und einzigartige Weintradition, auf die Sherry zurückblicken kann, hat natürlich auch die Ausbildung einer ganz besonderen Sprache zur Folge. Ob nun bei einem Besuch im Sherry-Paradies Andalusien selbst oder auch nur zum Studium gedruckter Informationen bis hin zum Flaschen-Etikett ist ein wenig Wissen um die klangvollen Bezeichnungen ganz hilfreich. Vor allem macht die Kenntnis der gebräuchlichsten Begriffe ein genaues und sachkundiges Gespräch viel einfacher.

Abocado: Leicht gesüßt
Aguardiente: Branntwein
Albariza: Weißer Kalkboden, besonders auf den Hügelkuppen, der Regen und Nachtfeuchtigkeit aufsaugt und die Sonnenstrahlen reflektiert; der beste Boden für Sherry-Wein
Almacenista: Lagerhalter, der Sherry zum Verkauf an Exporteure u.a. in seiner Bodega bereithält, selbst aber keinen Sherry herstellt
Amontillado: Manchmal trockener, zumeist aber halbtrockener Sherry, dessen Geschmack milder und dessen Aroma voller ist als bei einem Fino
Amoroso: Hauptsächlich in England benutzte Bezeichnung für einen leichten und nicht sehr trockenen Oloroso
Añada: Nicht-geblendeter Sherry aus den Trauben eines bestimmten Jahres.

Auch: Das relativ seltene Verfahren, einen Sherry ohne besondere Eingriffe im selben Faß reifen und altern zu lassen – der Gegensatz zum Solera-Verfahren

Barro: Nach dem Albariza der zweitbeste Boden für Sherry-Weinreben, sehr ertragreich, aber mit weniger Kalkgehalt, deshalb dunkler

Bienteveo: Ausguck als Kontrollposten in den Weinbergen in den letzten Wochen vor der Lese, um Diebstähle von Trauben zu verhindern

Bodega: Ebenerdige, domartige Lagerhalle mit optimaler Luftzirkulation, in der Sherry in Fässern reift.
Auch: Hersteller-Firma

Bota: 500-Liter-Faß aus Eichenholz zur Sherry-Lagerung

Capataz: Kellermeister, der für die hohe Kunst der Sherry-Herstellung verantwortlich ist

Color, Vino de: Besonderer Wein zur Verstärkung der Farbe eines Sherry beim Blenden

Copita: Typisches und einzig korrektes Sherry-Glas ähnlich einer kleinen Biertulpe, das sich nach oben leicht verjüngt

Cream: Sehr gehaltvoller und dunkler Sherry aus der Familie des Oloroso mit viel Kraft und Süße

Criadera: Innerhalb des Solera-Systems jede Faßreihe außer der untersten mit dem jeweils ältesten Sherry, die Basis-Reihe heißt Solera

Dry Pale: Englische Bezeichnung für trokkenen, hellen Sherry wie z.B. Fino

Dulce: Extrem süßer Dessertwein aus den Trauben mit dem höchsten Zuckergehalt (Pedro Ximenez), dessen Aroma an Rosinen erinnert

Fino: Trockener und herber Sherry, in der Farbe hellen Goldes mit nur wenig Säure und einem delikaten Mandelaroma

Flor: Auch „die Blume" genannt, eine Oberflächenhefe, die sich ausschließlich im Sherry-Anbaugebiet zweimal im Jahr – im Frühjahr und im Herbst – auf dem Wein im Faß bildet, unerläßlich für die Geschmacksentwicklung des Fino sowie zur Verhinderung der Essiggärung

Hecho: Ein Sherry, der vollkommen ausgereift ist

Jerez de la Frontera: Stadt in Andalusien, mitten im Sherry-Anbaugebiet, die dem Sherry auch seinen Namen gab

Klima: Im gesetzlich streng begrenzten Sherry-Anbaugebiet ideale Voraussetzung für diesen Wein: Rund 295 Sonnentage pro Jahr, ausreichende Regenfälle im Winter und Frühjahr sowie leichte Seewinde

Lias: Bodensatz (Trub) beim Traubenmost

Manzanilla: Außerordentlich trockener und leichter Sherry, der nur in den Bodegas von Sanlucar de Barrameda heranreift; wird er nach Jerez transportiert, verwandelt er sich in einen „normalen" Fino und verliert seinen typischen feinen Salzgeschmack; übrigens wird auch ein Fino, der nach Sanlucar ausgelagert wird, zum Manzanilla

Medium dry: Englische Bezeichnung für einen halbtrockenen Sherry

Mosto: Most

Olorose: Ein trockener oder leicht süßer Sherry, vollmundig und kräftig im Geschmack mit einem Hauch Nußaroma, satt dunkelgold

Palma cortada: Ein kräftiger Fino, der einem Amontillado nahekommt

Palo cortado: Besonders exklusiver, leider sehr seltener Sherry, der ursprünglich ein Oloroso zu werden versprach, sich jedoch zu einem Amontillado hin weiterentwickelt hat, hervorragende Kombination vom Geschmack eines Oloroso mit dem Amontillado-Aroma, trocken und teuer

Palomino: Für die Sherry-Herstellung am meisten verwendete Traube, die im Anbaugebiet gut gedeiht

Pedro Ximenez: Rebsorte, die auch kurz „PX" genannt wird; der aus ihr auf besondere Weise hergestellte Wein wird hauptsächlich als teuerster Zuckerungszusatz für das Blenden süßerer Sherry-Typen – zum Beispiel Cream – verwendet

Puerto de Santa Maria: Andalusische Hafenstadt mit sehr viel Lokalkolorit am Atlantik, deren spezielles Seeklima – auch Mikroklima genannt – die Reifung von Fino besonders begünstigt

Reifezeit: Sherry muß eine Mindestreifezeit von drei Jahren haben, ehe er vermarktet werden darf

Sacristia: Die Schatzkammer einer Bodega, wo sehr alte und historische Fässer mit besonders gutem Sherry lagern

Sanlucar de Barrameda: Kleines Städtchen an der Mündung des Flusses Guadalquivir, der gleichzeitig eine ungefähre Teilgrenze des Sherry-Anbaugebietes darstellt; nur dort reift der Manzanilla

Seco: Trocken

Sherry: Entsprechend den Begriffsbestimmungen zählt er heute zu den Likörweinen; er unterliegt bei uns und in vielen anderen Ländern dem Schutz der Ursprungsbezeichnung: Nur aus dem gesetzlich definierten spanischen Anbaugebiet stammender Wein darf als Sherry bezeichnet werden

Solera: Mehrjähriges Reifeverfahren, bei dem jüngere Sherry-Weine mit älteren veredelt (verblendet) werden.
Auch: Die unterste Reihe von Fässern mit dem jeweils ältesten Sherry, die niemals verändert oder bewegt wird; auf der Solera (suelo = Boden) liegen drei oder vier (seltener mehr) Reihen anderer Fässer (Criaderas), die aufsteigend mit jeweils jüngerem Sherry gefüllt sind

Tapa: Spanisch für Deckel, kleine Häppchen, die zum Sherry gereicht werden, aber auch zu anderen Weinen oder Bier passen, bestehend u.a. aus Oliven, Käsestückchen, Scheibchen des berühmten luftgetrockneten Schinkens, kleinen Würstchen oder auch warmen Fischchen, Schalen- und Krustentieren

Vendimia: Weinlese im Sherry-Gebiet, die jährlich offiziell am 8. September mit einem großen Fest (Feria) beginnt

Venencia: Schöpfgefäß, ein kleiner Silberbecher ist an einer langen Gerte aus Walbein oder Bambus befestigt und wird durch das Spundloch eines Fasses schnell durch die Flor-Schicht gestoßen um eine Sherry-Probe heraufzuholen

Venenciador: Mitarbeiter einer Bodega, der den Umgang mit der Venencia zur artistischen Glanzleistung entwickelt hat: Er holt den Wein herauf und schwingt die Venencia im weiten Bogen durch die Luft, um den Sherry aus möglichst großer Höhe in die in Hüfthöhe gehaltenen Copitas zu gießen, ohne daß ein Tropfen sein Ziel verfehlt

Vina: Rebfläche, Weinberg

Bildquellennachweis

Borco/Diez-Merito: 106
Byass: 38, 64, 92/93
Dethelffsen: 136/137
Domecq: 34, 109, 111
Freudenberg: 20, 29, 30, 32, 37, 45–50, 60–62, 70, 86, 88, 96, 108, 112, 118, 121, 126, 133, 134, 139, 143, 144, 152
Hosie: 99
Informationsbüro Sherry, Hamburg: 39, 40, 42, 54, 55, 58, 59, 63, 72–75, 97, 107, 148, 153, 154, 159
Roland Marken-Import: 100, 102
Ruiz & Ruiz: 142
UNI-Handelsgesellschaft: 114